Wetter und Jahresrhythmik

Lehrerkommentar
mit Kopiervorlagen

D1669486

Hartmut Fahrenhorst
Ilse Nötzold
Uwe Rist
Georg Trendel

Ernst Klett Verlag
Stuttgart   Düsseldorf   Leipzig

Wetter und Jahresrhythmik

bearbeitet von:
Hartmut Fahrenhorst, Unna
Ilse Nötzold, Drensteinfurt
Uwe Rist, Dortmund
Georg Trendel, Unna

außerdem wirkten an der Konzeption mit:
Brigitte Bömer, Dortmund
Hans Flinkerbusch, Meckenheim
Hans Knopff, Melle
Wilhelm Roer, Unna
Marlene Rüland, Würselen
Elisabeth Schreiber, Aachen
Willi Schuh, Bonn
Günter Segschneider, Köln

Bildquellenverzeichnis
10 Klett-Archiv

Kopiervorlagen:
7.1+4 Eckart Pott, Stuttgart; 7.2 Kurt Möbus (W. Mastmann), Neu-Anspach; 7.3 Harald Lange (Angermayer/Lange), Bad Lausick; 8.1 Reinhard-Tierfoto (Hans Reinhard), Heiligkreuzsteinach; 8.2 Okapia (Hans Reinhard), Frankfurt/M.; 8.3 Silvestris (Gross), Kastl; 8.4 Manfred Danegger, Owingen-Billafingen; 14 aus: Unterricht Biologie 196/18. Jahrg./Juli 1994, S. 21; 16b aus: Unterricht Biologie 196/18. Jahrg./Juli 1994, S. 33

Grafiken:
ARTBOX Grafik und Satz GmbH, Bremen; Jörg Mair, Herrsching a. A.; Alfred Marzell, Schwäbisch Gmünd

 Gedruckt auf Papier aus chlorfrei gebleichtem Zellstoff, säurefrei.

1. Auflage

A 1 5 4 3 2 1 | 2004 2003 2002 2001 2000

Alle Drucke dieser Auflage können im Unterricht nebeneinander benutzt werden, sie sind untereinander unverändert. Die letzte Zahl bezeichnet das Jahr dieses Druckes.

Redaktion: Ute Kühner, Simone Reichert
Satz und Repro: Fa. Röck, Weinsberg
Druck: Wirtz Druck & Verlag, 67346 Speyer
Printed in Germany

ISBN 3-12-036426-6

Einbandgestaltung:
Alfred Marzell, Schwäbisch Gmünd unter Verwendung folgender Fotos:
Kieselsteine: Claus Kaiser, Stuttgart; Blitz: Tony Stone (Ralph Wetmore), München; Hygrometer: Lambrecht GmbH, Göttingen; Drachen: Mauritius (Pigneter), Mittenwald; Wetterhäuschen: Bavaria (PRW), Gauting; Orangen: IFA-Bilderteam (Tschanz), München

Inhaltsverzeichnis

Zeichenerklärung

3 Aufgabennummer entspricht der Nummerierung auf der Themenheftseite

Materialliste zur Aufgabe bzw. zum Versuch

Hinweise und Ergänzungen zu den Infothektexten im Themenheft

 siehe Kopiervorlage Nr. 4 im Anhang

Weiterführende Medien (Literatur, Filme, Videos, Experimentierkästen etc.)

▶ **Regen (TH, S. 13)**
Hinweis auf die Behandlung eines Begriffes in der Themenheft-Infothek.

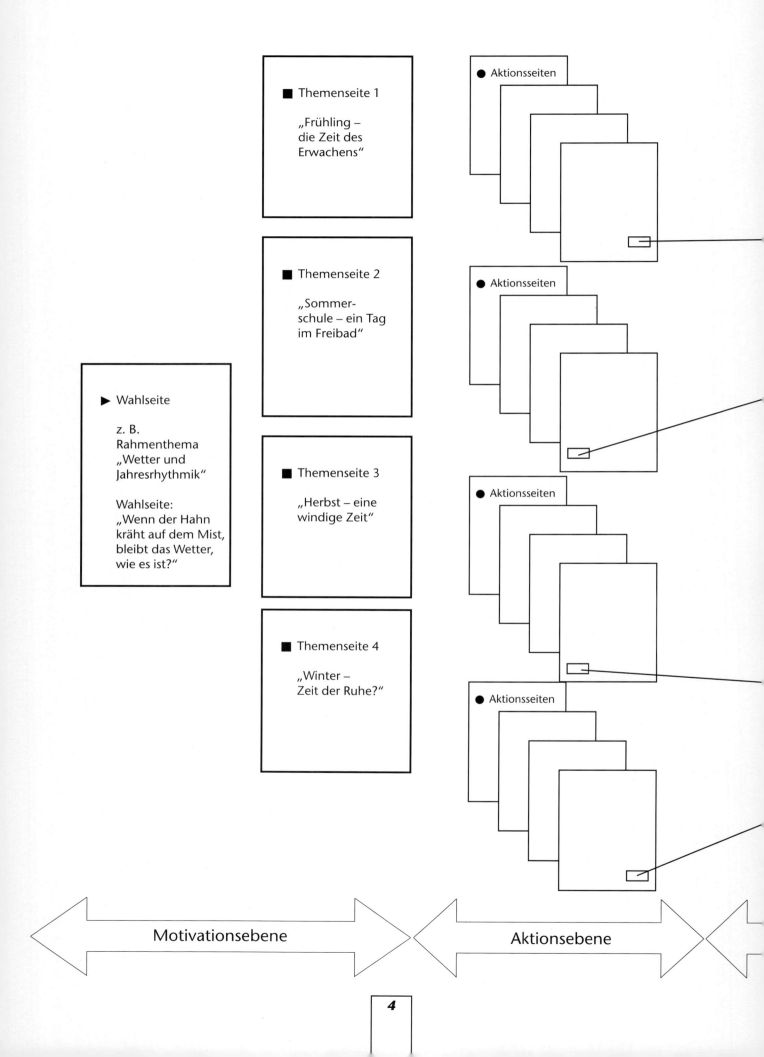

■ Themenseite 1

„Frühling –
die Zeit des
Erwachens"

■ Themenseite 2

„Sommer-
schule – ein Tag
im Freibad"

■ Themenseite 3

„Herbst – eine
windige Zeit"

■ Themenseite 4

„Winter –
Zeit der Ruhe?"

▶ Wahlseite

z. B.
Rahmenthema
„Wetter und
Jahresrhythmik"

Wahlseite:
„Wenn der Hahn
kräht auf dem Mist,
bleibt das Wetter,
wie es ist?"

● Aktionsseiten

● Aktionsseiten

● Aktionsseiten

● Aktionsseiten

Motivationsebene

Aktionsebene

Struktur des Heftes

Dieses Heft ist anders . . .

„Wetter und Jahresrhythmik" ist so aufgebaut, dass für die Schülerinnen und Schüler interessante Themen im Vordergrund stehen. Bei der Bearbeitung eines Themas werden sie notwendigerweise auf fachwissenschaftliche Methoden und Informationen zurückgreifen.

„Wetter und Jahresrhythmik" unterscheidet sich von anderen Lehrbüchern durch die räumliche Trennung von Motivations-, Aktions- und Informationsebene.

Die Zuordnung von Methoden und Informationen zu verschiedenen thematischen Zugängen macht das notwendig.

Die Wahlseite

- ermöglicht einen offenen Zugang zur Gesamtthematik
- schafft einen Überblick über verschiedene Aspekte eines Rahmenthemas
- erleichtert die Auswahl eines konkreten Themenzugangs
- bietet Handlungsmöglichkeiten zur spielerischen Erschließung

Die Themenseiten

- konkretisieren einen Themenzugang
- regen Schülerinnen und Schüler an, Vorerfahrungen einzubringen
- helfen ihnen, konkrete Fragestellungen zu entwickeln und Untersuchungsvorhaben und Lösungsmöglichkeiten zu planen

Infothek-seiten enthalten alphabetisch geordnet die notwendige Sachinformation

Information

Information

Information

Information

Information

Informationsebene

Aktionsebene

Die Aktionsseiten

bieten Anleitungen zum

– Experimentieren (möglichst mit Alltagsmaterialien!)

– Dokumentieren und Auswerten von Ergebnissen und

Anregungen zum

– Recherchieren

– Informieren

Informationsebene

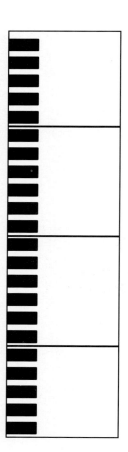

Die Infothekseiten

– enthalten Sachinformationen zu den Themen

– sind durch ein Verweissystem auf den Aktionsseiten leicht zugänglich

– trainieren durch die lexikalische Struktur den Umgang mit Nachschlagewerken

– regen zum „Stöbern" und Nachlesen an

– erschließen dadurch verwandte Zusammenhänge

– fördern durch Querverweise zu anderen Themen die Vernetzung des vorhandenen Wissens

– bieten Möglichkeiten zur Binnendifferenzierung in heterogenen Lerngruppen (z. B. kleine Expertenvorträge)

Tipps zur Organisation selbstständiger Arbeit von Schülerinnen und Schülern

Neben allen bekannten traditionellen Unterrichtsverfahren spielt im Heft die selbstständige Schülerarbeit
(z. B. Stationsversuche, Gruppenarbeit, Expertenvorträge) eine wesentliche Rolle.
Einige Tipps zur Organisation der selbstständigen Schülerarbeit sollen hier genannt werden.

Im Kleinen
beginnen!
Beim ersten
Experimentieren
Rituale für
Auf- und Abräumen
entwickeln.

Kleine Experten-
runden veranstalten.
Infothek dazu
nutzen!

Ermutigung zum
Schreiben eigener
Texte!
Mit Deutsch-
kollegen
zusammenarbeiten.
Ein kurzer selbst-
geschriebener Text
ist besser als
ein „abgeschriebenes"
Referat.

Verhaltensrichtlinien
für das Experimen-
tieren gemeinsam
mit den Schülerinnen
und Schülern
erarbeiten.
(Was passiert, wenn
jemand die Regeln
nicht beachtet?)
Konsequenz zeigen!

Zuständigkeiten in
den Experimentier-
gruppen bestimmen
und immer wieder
üben!
(z. B. Wer holt das
Material – wann?)

Einrichten einer
eigenen
Experimentierbox
(z. B. Schuhkarton)

Alltagsmaterialien
von zu Hause
mitbringen lassen.

Aktive Mitarbeit beim Experimentieren.

Entwicklung von Lösungsstrategien und Lösungswegen.

Bereitschaft zu „Experten"- vorträgen

Einbringen von aktuellen naturwissenschaftlichen Fragestellungen in den Unterricht.

Übernahme von Verantwortung im Umgang mit Tieren und Pflanzen.

Bereitschaft, Mitschülerinnen und Mitschülern in der Gruppenarbeit zu helfen und selbst Hilfe anzunehmen.

Übernahme von Verantwortung beim Auf- und Abbau von Versuchen.

Verantwortungsvoller Umgang mit Versuchsmaterialien.

Notizen

Wetter und Jahresrhythmik

Eingebettet in den Wandel der Jahreszeiten entfaltet sich der Lebensrhythmus von Pflanzen, Tieren und Menschen. Leben verläuft zyklisch. Lebewesen sind an ihre klimatischen Bedingungen und Lebensräume angepasst. Der Mensch hat sich jedoch in der Industriegesellschaft durch Einsatz von Technik weitgehend von klimatischen Auswirkungen unabhängig gemacht. Der Ressourcenverbrauch zur Aufrechterhaltung dieser Lebensweise hat Folgen, die erst nach und nach deutlich werden und in ihrer Konsequenz noch nicht völlig einschätzbar sind.

Wechsel des Wetters und der Jahreszeiten sind Naturerscheinungen, die Kinder von Anfang an erleben. Sie beeinflussen ihre Befindlichkeit und bedingen die Wahl der Kleidung. Es gehört zu den Alltagserfahrungen, dass Wetter zwar vom Einzelnen beobachtet, aber nicht verändert werden kann. Die Auseinandersetzung mit dem Rahmenthema unterstützt die Wahrnehmung der Veränderungen in der natürlichen Umgebung und ihre Charakterisierung als zyklische Vorgänge.

Unter dem Naturaspekt werden Zusammenhänge zwischen Temperatur, Luftdruck und Feuchtigkeit, Windstärke und Richtung, Wolkenbildung und den lokalen Wetterereignissen betrachtet. Außerdem werden die Anpassungen von Pflanzen, Tieren und Menschen im Jahreszyklus und an das Klima untersucht.

Unter dem Technikaspekt werden Wettererscheinungen beobachtet, klassifiziert und apparativ gemessen. Es werden bei wenigstens einer Wettergröße über einen längeren Zeitraum Beobachtungen bzw. Messungen durchgeführt.

Unter dem Umweltaspekt soll deutlich werden, welche Probleme sich aus dem Bestreben des Menschen ergeben, sich von Wetter-, Tages- und Jahreslauf unabhängig zu machen. Dabei kann verständlich werden, dass Kleidung, Hausbauweise und Heizung sowie Formen der Bewirtschaftung in Auseinandersetzung mit Naturerscheinungen entstanden sind. Die Rolle der Wetterbedingungen bei der Ausbreitung von Schadstoffen kann thematisiert werden.

▶ Wenn der Hahn kräht auf dem Mist, bleibt das Wetter wie es ist?   TH, S. 8/9

Diese Wahlseite beginnt mit einem alten Wetterspruch, den die Schülerinnen und Schüler kaum nachvollziehen können. Hähne gibt es kaum noch und Misthaufen schon gar nicht. Trotzdem sollte man über diesen Spruch etwas nachdenken, denn Tiere haben sicher grundsätzlich einen Spürsinn für das Wetter und dessen Veränderungen. Ob der alte Spruch so Gültigkeit hat, ist bei diesen Gedanken nebensächlich. Wichtig ist, dass früher ohne Fernsehen das Wetter durch solche Bauernweisheiten und Bauernsprüche erklärt wurde. Heute, mit dem riesigen Apparat der Wettersatelliten, Wetterstationen und Wetterämter kann zwar eine recht genaue Wettervorhersage für einige Tage durchgeführt

werden, die Bauernsprüche haben aber sicher nicht an Bedeutung verloren. In ihnen stecken Naturbeobachtungen und Naturerfahrungen vieler Generationen von Menschen. Interessant ist es hier sicher, weitere Wettersprüche und Wetterweisheiten erkunden zu lassen. Vielleicht kennen Großeltern oder andere ältere Menschen noch weitere Sprüche und ihre Bedeutung.

Für eigene Wetterbeobachtungen sollten die Schülerinnen und Schüler selbst Messgeräte bauen und die Messergebnisse ermitteln. Wird sorgfältig gearbeitet, dann sind die selbstgebauten Geräte ähnlich gut wie die im Fachhandel gekauften.

Bau der Messgeräte

1. Zum Messen der Luftfeuchtigkeit: Das Hygrometer ist das Instrument, mit dem die Luftfeuchtigkeit gemessen wird. Bekannt sind die Haarhygrometer, bei denen sich die eingesetzten Menschen- oder Pferdehaare bei zunehmender Luftfeuchtigkeit verlängern – der Zeiger geht nach rechts – bzw. bei abnehmender Luftfeuchtigkeit verkürzen – der Zeiger des Messinstruments geht nach links.

Das im Buch vorgestellte Hygrometer ist sehr viel genauer als ein Haarhygrometer und es muss nicht nachjustiert werden. Dieses Psychrometer besteht aus zwei Thermometern, einem trockenen und einem, dessen Kolben ständig feucht gehalten wird. Der feuchte Kolben ist gekühlt, da beim Verdunsten des Wassers Energie absorbiert wird. Es wird also bei hoher Verdunstung viel Energie entzogen (starke Kühlung), bei geringer Verdunstung wenig (geringere Kühlung). Je trockener also die umgebende Luft, desto höher und schneller ist die Verdunstungsrate und der Thermometerkolben wird stärker gekühlt.

Mithilfe der beiden gemessenen Temperaturen lässt sich dann an Hand der Tabelle die prozentuale relative Luftfeuchtigkeit bestimmen. Für den Fall, dass die Werte der Tabelle im Themenheft nicht ausreichen, hier eine erweiterte Tabelle:

Relative Luftfeuchtigkeit (%)

Aktuelle Temperatur	FEUCHTKOLBENDEPRESSION				
	1 °C	2 °C	3 °C	4 °C	5 °C
– 10,0 °C	69 %	39 %	10 %		
– 7,5 °C	73 %	48 %	22 %		
– 5,0 °C	77 %	54 %	32 %	11 %	
– 2,5 °C	80 %	60 %	41 %	22 %	3 %
0,0 °C	82 %	65 %	47 %	31 %	15 %
2,5 °C	84 %	68 %	53 %	38 %	24 %
5,0 °C	86 %	71 %	58 %	45 %	32 %
7,5 °C	87 %	74 %	62 %	50 %	38 %
10,0 °C	88 %	76 %	65 %	54 %	44 %
12,5 °C	89 %	78 %	68 %	58 %	48 %
15,0 °C	90 %	80 %	70 %	61 %	52 %
17,5 °C	90 %	81 %	72 %	64 %	55 %
20,0 °C	91 %	82 %	74 %	66 %	58 %
22,5 °C	92 %	83 %	76 %	68 %	61 %
25,0 °C	92 %	84 %	77 %	70 %	63 %
27,5 °C	92 %	85 %	78 %	71 %	65 %
30,0 °C	93 %	86 %	79 %	73 %	67 %
32,5 °C	93 %	86 %	80 %	74 %	68 %
35,0 °C	93 %	87 %	81 %	75 %	69 %
37,5 °C	94 %	87 %	82 %	76 %	70 %
40,0 °C	94 %	88 %	82 %	77 %	72 %

Wie man die relative Luftfeuchtigkeit ermittelt

Man misst die aktuelle Temperatur sowie die Feuchtkolbendepression. Die relative Luftfeuchtigkeit ist die Zahl im Schnittpunkt der Reihe mit der aktuellen Temperatur und der Spalte mit der Feuchtkolbendepression. Ein Beispiel: Beträgt die aktuelle Temperatur 15 °C und die Feuchtkolbendepression 2 °C, dann beträgt die relative Luftfeuchtigkeit 80 Prozent.

Es ist unbedingt darauf zu achten, dass die Watte oder Gaze in dem kleinen Behälter immer feucht bleibt, da sonst keine genaue Messung stattfinden kann.

- 2 Thermometer, Filmröhrchen, Watte oder Gaze, Pappe, Klebstoff, Scheren

2. Zum Messen der Niederschlagsmenge: Das Niederschlagsmessgerät kann leicht aus Kunststoffflaschen hergestellt werden, die im Getränkehandel zu bekommen sind. Dabei sind aber folgende Fakten zu beachten:

1. Sie sollte unbedingt eine zylindrische Form (gerade Wände) haben,
2. sie sollte stabil genug sein,
3. sie sollte aus klarem Kunststoff bestehen, damit man

den Wasserstand gut ablesen kann. PET-Flaschen eignen sich besonders gut.

Mithilfe einer feinen Säge wird nun der obere Teil der Flasche abgesägt, so dass ein Messzylinder und ein Trichter entstehen. Wichtig beim Absägen ist, dass der Durchmesser des Messzylinders so groß ist wie der des Trichters. Die rauen Sägekanten werden mit Kunststoffklebeband abgeklebt, damit man sich an den Kanten nicht verletzt und das Regenwasser gut abfließen kann. Am Messzylinder wird nun eine Nullmarke aufgeklebt, die mehrere Zentimeter Abstand vom abgerundeten Flaschenboden haben sollte. Dieser untere Teil wird zum Beschweren mit Kieselsteinen oder Kies aufgefüllt, damit das Messgerät im Freien genügend Standfestigkeit hat. Von der Nullmarke ausgehend wird nun ein Stück Maßband – ist in jeden Baumarkt oder Möbelhandel umsonst zu bekommen – von 10 cm Länge (100 mm) auf der Außenseite der Flasche wetterfest befestigt. Dies kann mit einem Stück durchsichtiger Einbindefolie oder wasserfester Klebe erfolgen. Der Trichter wird mit Klebestreifen am Zylinder befestigt. Er ist von Bedeutung, da er zum einen das Regenwasser auffängt, zum anderen die Verdunstung des Niederschlags im Messzylinder verhindert.

Mithilfe dieser Skala kann nun die Niederschlagsmenge bestimmt werden. Hierzu muss das Messgerät bis zur Nulllinie mit Wasser gefüllt werden.

Das Messgerät wird im Außenbereich so aufgestellt, dass die Niederschläge nicht durch Gebäude oder Mauern beeinträchtigt werden. Dabei muss darauf geachtet werden, dass das Gefäß nicht umfallen kann oder der Messtrichter durch den Wind weggeweht wird.

Die Messergebnisse werden in mm angegeben. Da Trichterdurchmesser und Messzylinderdurchmesser gleich groß sind, kann die Niederschlagshöhe direkt in Liter pro Quadratmeter umgerechnet werden. Ein Millimeter Niederschlag entspricht einem Liter Niederschlag pro Quadratmeter.

Es ist unbedingt sinnvoll, dass gleichzeitig mehrere Messungen von verschiedenen Gruppen durchgeführt werden, um die Werte zu vergleichen und eventuell einen Mittelwert berechnen zu lassen. Die Messzeiträume sollten in der Regel 24 Stunden sein.

• Kunststoffflaschen, Papiermessbänder aus dem Möbel-
• handel, Kieselsteine, Klebefolie, Abklebeband

3. Zum Messen des Luftdrucks: Das Luftdruckmessgerät oder Barometer wird aus einem großen Einmachglas, einem Luftballon und einem Trinkröhrchen hergestellt. Die Gummihaut wird dabei so über die Öffnung des Einmachglases gezogen, dass der Innenraum des Glases von der umgebenen Luft abgetrennt ist. Die Gummihaut sollte unbedingt mit Klebeband gesichert werden. Kleinste Löcher lassen keine Messung mehr zu.

Um eine genauere Tendenzmessung durchführen zu können, sollten die Barometer bei mittlerem Luftdruck (1013 hPa) hergestellt werden. Da nun bei höherem Außendruck (Hochdruck) die im Gefäß eingeschlossene Luft zusammengepresst wird, wölbt sich die Gummihaut nach innen. Bei niedrigem Außendruck (Tiefdruck) drückt die eingeschlossene Luft die Gummihaut nach außen. Der auf der Gummihaut aufgeklebte Zeiger – mit Holzleim nur in der Mitte der Gummihaut ankleben – hebt (Hoch) oder senkt (Tief) sich durch diese Luftdruckveränderungen. Das hier gebaute Gerät lässt genaue Aussagen zur Tendenz des Luftdrucks zu, genauere Messungen in hPa sind nur mit einem geeichten Barometer möglich. Das Prinzip des Barometers wird den Schülerinnen und Schülern sehr transparent gemacht.

• große Einmachgläser, feste Luftballons, Klebeband,
• Holzleim, Pappkarton, Trinkhalme, Lineal

4. Zum Messen der Windrichtung und Windgeschwindigkeit: Dieses einfache Windmessgerät ist nach der Anleitung schnell herzustellen. Anhand der aufgezeichneten Skala können die unterschiedlichen Windgeschwindigkeiten von Null (Windstille) bis Neun (Sturm) gemessen werden. Diese Skalierung ist eine eigene Windstärkenskale und nur tendentiell mit den Werten der Beaufort-Skala zu vergleichen. Genaue Vergleichswerte können mit einem Anemometer ermittelt werden.

Zum Messen der Windrichtung muss das Windmessgerät mithilfe eines Kompasses und einer Windrose auf einem Messtisch im Freien einjustiert werden. Dann lässt sich sehr genau die Windrichtung am Boden bestimmen.

• Pappe, Lineal, Schere, Trinkhalme, Kugelschreiber-
• hülse, Holzspieße, Knete, Anemometer

■ Frühling – die Zeit des Erwachens   TH, S. 10/11

Diese Themenseite ermöglicht verschiedenartige Einstiege in das Thema „Frühling".

1. Einstieg über die Bilder
Fünf Bilder zeigen typische Motive dieser Jahreszeit: Blütenpracht der Obstblüte, Genießen der ersten wärmenden Sonnenstrahlen, Frühblüher melden das Frühjahr an, die Bienen sammeln die ersten Pollen, die Schwalben kehren zurück. Ein Bild dagegen zeigt eine fast jährlich auftretende Überschwemmung, die zum einen auf die Schneeschmelze in den Bergen, zum anderen auf Veränderungen in der Umwelt – Begradigungen, Drainagen, Waldreduktion, Versiegelungen – zurückzuführen ist.

2. Einstieg über die beiden Karten
Die von dem Jungen gestellte Frage, „Was stellen denn die beiden Karten dar?", fordert die Schülerinnen und Schüler dazu auf, die beiden Karten miteinander zu vergleichen. Es handelt sich auf der linken Seite um eine Meteosat-Aufnahme (TH, S. 10) vom 26. März 1998, die ein Tiefdruckgebiet mit einem typischen Frontensystem über der Nordsee und dem Nordatlantik darstellt. Deutlich ist zu erkennen, dass weite Teile Europas wolkenfrei sind und dass auf den Gipfeln der Alpen Schnee liegt. Hier liegt Hochdruckeinfluss vor. Der Vergleich mit der Wetterkarte (TH, S. 11) auf der rechten Seite ergibt, dass es sich bei dieser Darstellung um die selbe Wettersituation wie auf der Satellitenaufnahme handelt. Hier sind durch verschiedene Symbole die Vorgänge des Wettergeschehens über Europa verdeutlicht. Diese verschiedenen Symbole sollten von den Schülerinnen und Schülern erkannt und benannt werden. Die Angabe der Temperaturen in den verschiedenen Städten Europas zeigt ein typisches Frühjahrsgefälle. Die von dem Mädchen gestellte Frage, „Wo wär' ich denn jetzt am liebsten?", lässt sich sicher leicht beantworten. Satellitenbild und Wetterkarte sind den meisten Schülerinnen und Schülern nicht fremd, da sie beides aus dem Fernsehen oder aus der Zeitung kennen. Eine genauere Betrachtung und Analyse ist ihnen aber eher fremd, die Bilder und Karten werden gesehen und nicht genauer reflektiert.

Die dritte Frage, „Wie ist denn das Wetter heute", eröffnet einen genaueren Vergleich verschiedener Frühlings-Meteosatbilder und Frühlingswetterkarten aus der Zeitung oder aus dem Internet mit der dargestellten Wettersituation. Dadurch wird die Wetteranalyse anhand solcher Materialien geübt.

3. Einstieg über den Radio-Wetterbericht
Der Wetterbericht (TH, S. 10) schildert kurz die momentane Wettersituation und deren erwartete Veränderung im Laufe des Tages. Er nennt zwar wesentliche Wetterdaten, kann aber wegen seiner Kürze keine genaueren Fakten einschließen. Es werden Tendenzen genannt, die mit hoher Wahrscheinlichkeit eintreten werden. Wetterberichte sind ein guter Einstieg, um dann das angekündigte Tagesgeschehen durch genauere Messungen, zum Beispiel der Tagestemperaturen und Niederschläge, vergleichend analysieren zu können. Alle drei Zugangsaspekte führen zum Thema, wobei eine gemeinsame Betrachtung sicher vorzuziehen ist.

• Meteosatfotos und Wetterkarten sind über das Internet
• oder die zuständigen Wetterämter zu beziehen.
• Wetterkarten aus Tageszeitungen.

● So ein Nebel – man sieht kaum die Hand vor Augen   TH, S. 12

Auf den Seiten 12 und 13 sind Uhrzeiten eingeblendet, die einen Bezug zu dem Wetterbericht der Themenseiten (S. 10/11) herstellen sollen. Damit soll verdeutlicht werden, dass unser Wettergeschehen dynamisch abläuft und eine Wetterphase auf die andere folgt.

1 Nebel selbst gemacht
Dieses Schülerexperiment zeigt, dass auf relativ einfachem Wege ▶Nebel (TH, S. 39) erzeugt werden kann. Das auf 60° C zu erwärmende Wasser sollte beim Erwärmen abgedeckt bleiben, so dass vorher kein Wasserdampf entweichen kann. Wichtig ist es, das Eis sehr kalt zu frieren (Tiefkühltruhe –18° C), um einen guten Nebeleffekt zu erzielen. Die Schale muss beim Versuch direkt über das Gefäß mit dem warmen Wasser gehalten werden.
In der Natur tritt Nebel meist dann auf, wenn sich gegen Morgen kalte Luft über wärmerem, feuchtem Boden in Tälern ausbreitet. Durch das Abkühlen wird der Taupunkt des Wasserdampfes erreicht, und es bilden sich an Kondensationskernen (Staub, Salz- oder Rußteilchen) feine Wassertröpfchen, die in der Luft schweben, und so Dunstschleier oder Nebelschichten bilden. Nebelbildung ist aber nur dann möglich, wenn es während der Entstehungszeit keine Windbewegungen gibt, so dass sich viele feine Wassertröpfchen bilden können und übereinanderschichten.

• Glasgefäß mit 60° C warmem Wasser, Metallschale, Eis

2 Der Nebel löst sich auf
Sobald Wind auftritt, werden Nebelwetterlagen sehr schnell aufgelöst. Kalter (a) sowie warmer (b) Wind treiben die Nebeltröpfchen auseinander und die Sicht wird besser. Durch warmen Wind wird zusätzlich erreicht, dass sich die Luft erwärmt und sie somit wieder mehr Wasserdampf aufnehmen kann. Der Nebel löst sich also unter solchen Bedingungen schneller auf.

• Glasgefäß mit 60° C warmem Wasser, Metallschale,
• Eis, Föhn mit Kalt- und Warmgebläse.

3 Wasserversuch 1
Durch dieses Experiment wird den Schülerinnen und Schülern verdeutlicht, dass Wasser in die umgebende Luft entweichen kann.
Beim Ansatz 1 ist die offene Schale auf der Fensterbank den Temperaturschwankungen, dem Luftstrom, der unterschiedlichen ▶Luftfeuchtigkeit (TH, S. 39) und der unterschiedlichen Sonneneinstrahlung ausgesetzt. Es ist zu erwarten, dass hier der Wasserstand in der Schale relativ schnell abnimmt.

Beim Ansatz 2 ist die offene Schale in einem geschlossenen Schrank untergebracht. Hier ist die Temperatur relativ konstant, es gibt kaum Luftbewegungen, die Luftfeuchtigkeit in dem abgeschlossenen Raum steigt relativ schnell an. Dadurch ist zu erwarten, dass der Wasserstand in der Schale langsamer sinkt als im Ansatz 1.

Beim Ansatz 3 wird die Schale mit einer Glasplatte abgedeckt. Dadurch kann nur eine sehr geringe Menge Wasser verdampfen. Unter der Glasplatte bilden sich dicke Tropfen, die wieder zurück ins Wasser fallen. Der Wasserspiegel wird nicht sinken.

Alle drei Experimente zeigen, dass die Umgebungsbedingungen für das schnelle oder langsame Verdampfen des Wassers verantwortlich sind. Nur unter gleichen Bedingungen kommt man zu gleichen Ergebnissen.

• 3 flache Glas- oder Kunststoffschalen mit je 100 ml
• Wasser, wasserfester Filzstift, Glasplatte zum Abdecken
• einer Schale.

[4] Wasserversuch 2

a) In diesem Experiment wird verdeutlicht, dass das Verdampfen des Wassers von der Temperatur der Flüssigkeit abhängig ist. Aus kaltem Wasser entweichen weniger Wassermoleküle als aus wärmerem Wasser. Dies kann anhand der drei Experimente qualitativ sehr anschaulich dargestellt werden, da an dem kalten Spiegel über dem wärmeren Wasser sehr viel mehr Wasser niederschlägt (kondensiert) als über dem kälteren Wasser. Dieser deutliche Mengenunterschied im Nieder-

schlag lässt sogar eine annähernde quantitative Aussage zu. Wichtig ist das gleichmäßige Vorkühlen der Spiegel oder Glasplatten, da der Effekt sonst nicht so gut zu beobachten ist.

• 3 Glasgefäße mit 20° C, 40° C und 60° C warmem
• Wasser, drei Thermometer, drei gekühlte Spiegel oder
• Glasplatten (Kühlschranktemperatur 5° C).

b) Bei dem ähnlich wie in a durchgeführten Experiment soll die über den Gefäßen vorhandene ▶**Luftfeuchtigkeit (TH, S. 39)** quantitativ mit einem ▶**Hygrometer (TH, S. 38)** gemessen werden. Dabei ist es sicher besser, größere Gefäße mit einer größeren Wasseroberfläche zu benutzen, damit die Menge der abdampfenden Wassermoleküle groß genug und messbar ist. Die Hygrometer müssen mit ihrer Rückseite – dort befinden sich die bei der Messung bedeutsamen Messhaare – dicht über die Wasseroberfläche der drei Gefäße gehalten werden. So gelingt eine recht genaue Messung der jeweiligen Luftfeuchtigkeit über den unterschiedlich warmen Gefäßen. Die Messergebnisse können mithilfe von Säulendiagrammen veranschaulicht werden. ▶**Diagramme (TH, S. 36)** sind den Schülerinnen und Schülern aus der Mathematik bekannt. Hier können sie das dort gelernte im Bereich NW anwenden.

• drei große Gefäße mit 20° C, 40° C und 60° C war-
• mem Wasser, drei Thermometer, drei Hygrometer.

● *Wolken entstehen nur in der Höhe*   TH, S. 13

[1] Wie entstehen Wolken?

Anhand der Abbildung können die Schülerinnen und Schüler deutlich die Entstehung von ▶**Wolken (TH, S. 45)** erkennen. Durch die Sonne werden Boden- sowie Seeoberfläche erwärmt. Bodenflächen erwärmen sich schneller als Wasserflächen. Über den Bodenflächen steigt die erwärmte, trockene Luft schneller auf als über der Wasserfläche, bildet aber keine Wolken. Die Wasserfläche hält die gespeicherte Wärme länger und es steigt beständig feuchte Luft auf. Die aufsteigende Luft kühlt sich pro 100 m um ca. 1° C ab. Da kalte Luft nicht so viel Feuchtigkeit speichern kann (Taupunkt), kondensiert der, in der aufsteigenden Luft enthaltene, Wasserdampf in ca. 2000 m Höhe zu Wolken. Hierzu sind, genauso wie bei der Nebelbildung, Kondensationskerne (Staub-, Salz- oder Rußteilchen) nötig, an denen die vorhandenen Wassermoleküle zu feinen Wassertropfen kondensieren können. Wie der Nebel am Boden, schweben sie dort so lange, bis sich aus der immer weiter aufsteigenden feuchten Luft größere Tröpfchen gebildet haben, die dann zu gegebener Zeit, wegen ihres großen Gewichtes, als ▶**Regen (TH, S. 40)** zu Boden fallen. Wolken bilden sich nur aus feuchter, aufsteigender Luft, die in der Höhe abgekühlt wird,

oder wenn feuchte warme Luft mit kalter Luft in Kontakt kommt (Regenfrontbildung).

Günther D. Roth, Wetterkunde für alle, BLV, München 1989
Michael Allaby, Klima und Wetter, Christian Verlag, München 1996

[2] Wolkenbilder

Einen eigenen Wolkenatlas zu erstellen, ermöglicht den Schülerinnen und Schülern eine andere Zugehensweise zu diesem Thema. Bildmaterial verschiedener Wolkentypen und Wolkenformationen zu beschaffen, ist auf verschiedene Art und Weise möglich:

a) Beschaffen durch eigene Fotografie,
b) Entnahme von Fotos und Abbildungen aus Zeitungen und Zeitschriften,
c) Kopieren von Abbildungen aus Büchern und wissenschaftlichen Fachzeitschriften. Dabei ist dringend darauf zu achten, dass Angaben über die Herkunft des Materials und der Abbildungen in dem eigenen Wolkenatlas angegeben werden. Neben diesem Quellennachweis sollte eine genaue Beschreibung des Wolkentyps vor-

handen sein. Angaben über die Höhe der ►**Wolken (TH, S. 45)** und ihre Bedeutung für das Wettergeschehen sollten nicht fehlen.

Das Bild der Kondensstreifen ist bewusst ausgewählt worden, da in manchen Bereichen Deutschlands die Wolkenbedeckung durch Kondensstreifen ein großes Maß angenommen hat. Im Bereich der Hauptflugstraßen kann diese Form der Bewölkung einen hohen Prozentsatz erreichen.

3 Einige Wolken bringen ►**Regen (TH, S. 40)**
Aufgrund der Erarbeitungen zum eigenen Wolkenatlas kennen die Schülerinnen und Schüler die Unterschiede zwischen den verschiedenen Wolkentypen. Schönwetterwolken lassen sich eindeutig von Schlechtwetterwolken unterscheiden, Regenfronten und Regenwolken zeigen typische Merkmale.

a) Die Niederschlagsmengen lassen sich gut mithilfe eines selbstgebauten Regenmessers (►**Niederschlagmessgerät, TH, S. 8 und 40**) bestimmen. Die tägliche Messung erfordert eine genaue Planung und Durchführung. Um die Messwerte vergleichen zu können, muss gewährleistet sein, dass täglich zu einer bestimmten, festgelegten Zeit abgelesen wird und das Messgerät wieder startbereit gemacht wird (Null-Einstellung). Die gemessenen Werte müssen in eine Monatstabelle eingetragen werden.

b) Am Ende des Monats werden die Tageswerte zu einem Gesamtwert zusammengezählt. Dabei wird dann die Gesamtniederschlagsmenge in mm (Millimeter) angegeben. Ein Millimeter Niederschlag bedeutet ein Liter Wasser pro Quadratmeter.

Sehr anschaulich ist es, diese Gesamtniederschlags-

menge in 10-l-Eimer abzufüllen. Diese Eimer sollte man dann auf einem Quadratmeter (1 m^2) Fläche aufstellen. Erst dadurch wird die anfallende Niederschlagsmenge verdeutlicht. Durch Ausgießen dieser Wassermenge auf dem Boden kann der Eindruck bei den Schülerinnen und Schülern noch vertieft werden.

c) Der Vergleich der Monatswerte untereinander führt zu einer längerfristigen Beobachtung dieses Wetterfaktors. Erst aus einer solchen langfristigen Beobachtung lassen sich genauere Aussagen zu den verschiedenen Jahreszeiten machen. Daten der Wetterämter oder Recherchen im Internet können die eigenen Messwerte bestätigen und zeigen, dass die einfache Messmethode der Schülerinnen und Schüler sehr genau und erfolgreich ist.

d) Das Darstellen der Regenmenge für einen Quadratmeter mithilfe der Wassereimer führt bei den Kindern schon zu einem sehr großen Erstaunen. Umso mehr steigert sich dieses Erstaunen, wenn sie die Gesamtniederschlagsmenge für den Schulhof berechnen. Da sie im Mathematikunterricht Flächenberechnungen durchgeführt haben, ist dies eine gute Anwendungsmöglichkeit ihrer Kenntnisse an diesem naturwissenschaftlichen Beispiel.

e) Diese Untersuchung kann zu sehr unterschiedlichen Ergebnissen führen, da die Regenwasserableitung sehr unterschiedlich erfolgt. Zum einen kann sie über die Kanalisation erfolgen, zum anderen geschieht sie zum Teil über Versickerung in den Boden oder in Regenwasserteichen.

An dieser Stelle sollte auch darüber gesprochen werden, dass Regenwasser in vielfältiger Art sehr sinnvoll genutzt werden kann.

● *Von Frühlingsboten* TH, S. 14

1 Frühblüher entwickeln sich schnell
Für diese Untersuchungen ist es dringend notwendig, einen Unterrichtsgang in einen Laubwald oder einen Park zu machen. Je nach Frühjahrswetterlage, kann das zwischen Ende Februar und Mitte April sein. Bei zunehmender Temperatur und Helligkeit wachsen die Frühblüher sehr schnell heran und man kann ihre Blätter sehr früh, die Blüten etwas später entdecken.

Das schnelle Wachstum ist darauf zurückzuführen, dass diese Pflanzen Speicherorgane besitzen, in denen die für das schnelle Wachstum notwendigen Nährstoffe eingelagert sind.

Zwiebelpflanzen (Schneeglöckchen, Märzenbecher) blühen früher als Pflanzen, die aus Spross- oder Wurzelknollen (Scharbockskraut, Lerchensporn) oder Erdsprossen (Buschwindröschen, Lungenkraut, Sauerklee) entstehen.

a) Mithilfe von Bestimmungsbüchern und Bestimmungskarten können die Schülerinnen und Schüler während der Untersuchungsgänge die verschiedenen ►**Frühblüher (TH, S. 38)** bestimmen. Eine Dokumentation durch Fotos ist sicher sehr empfehlenswert. Des

Weiteren können die Schülerinnen und Schüler ebenfalls Zeichnungen der Pflanzen anfertigen.

Die Anlage eines Herbariums kann dabei bedacht werden. Dabei wird eine Pflanzenpresse benötigt, die man selbst herstellen oder auch kaufen kann. Wichtig bei der Benutzung der Presse ist es, dass das Einlagepapier Feuchtigkeit aufnehmen und nach außen ableiten kann. Der Druck der Presse sollte nicht zu hoch sein.

Bestimmungsbücher oder Bestimmungskarten, Fotoapparat, Zeichenunterlagen, Zeichenstifte, Pflanzenpresse mit Spezialpapier, weißer Karton zum Aufziehen der herbarisierten Pflanzen, Sammelmappe.

b) Um Frühblüher etwas genauer zu untersuchen, muss man sie vorsichtig ausgraben, ohne dabei das Speicherorgan zu verletzen. Gut eignen sich hierfür das Schneeglöckchen, der Krokus, das Scharbockskraut, das Buschwindröschen. Wichtig ist es darauf zu achten, keine geschützten Pflanzen auszugraben. Die untersuchten

Pflanzen sollten selbstverständlich wieder zu ihrem Standort zurückgebracht und wieder eingepflanzt werden.

Die Untersuchungen sollten zum einen durch Betrachten, zum anderen aber auch mit dem Binokular erfolgen. Hiermit können Blüten, Blätter, Speicher-organ und Wurzeln genauer betrachtet werden.

Eine Zeichnung der Gesamtpflanze mit einer vollständigen Beschriftung ist empfehlenswert.

: kleine Schaufeln, Transportbehälter, Binokulare, Zei-
: chenstifte, weißes Zeichenpapier

2 | Lichtuntersuchungen

Die Untersuchungen der Lichteinstrahlung in einen Frühjahrswald werden von den Schülerinnen und Schülern gruppenweise mithilfe von ▶Lux-Metern (TH, S. 39) durchgeführt. Dabei ist darauf zu achten, dass die Messzellen der Geräte direkt am Boden liegen und nicht von Pflanzenteilen oder Blättern bedeckt werden. Die weiße Messfläche darf ebenfalls nicht verschmutzt sein. Die Einstellung des Lux-Meters muss nach Anleitung erfolgen.

Parallel zu dieser Wertermittlung sollte eine kurze Standortbeschreibung erstellt werden, in der Baum- und Sträucherbedeckung, die Bodenzusammensetzung, die Bodenfeuchte und der Pflanzenbewuchs beschrieben sind.

Die einzelnen Standorte werden in einer Karte des Untersuchungsgebietes vermerkt, um an den Einzelstandorten zum späteren Zeitpunkt weiterführende Untersuchungen durchführen zu können.

Die Einzelstandorte der Untersuchungsgruppen müssen auf die verschiedenen Bereiche eines Waldes (dichter Nadelwald, dichter Laubwald, lockerer Nadelwald, lockerer Laubwald, Lichtung, Waldrand, usw.) verteilt sein, um die unterschiedlichen ökologischen Bedingungen eines Waldes kennen zu lernen.

Bei Untersuchungen im Sommer an den gleichen Standorten stellen die Schülerinnen und Schüler fest, dass die im Frühjahr gefundenen Frühblüher nicht mehr zu entdecken sind. Alle oberirdischen Pflanzenteile sind zurückgebildet oder abgestorben. Bei einer genaueren Untersuchung des Bodens können die unterirdischen Speicherorgane (Zwiebeln, Knollen, Rhizome) gefunden werden. Um ein unnötiges Suchen und Durchwühlen des Bodens zu vermeiden, sollten hierzu bestimmte Stellen mit Frühblühern markiert und sehr genau in die Karte eingezeichnet werden.

: Karte des Untersuchungsgebietes, mehrere Lux-Meter,
: kleine Schaufel, Schreibunterlagen, Notizpapier, Blei-
: stifte

3 | Lichtversuch

Hier liegt ein **Druckfehler** vor, denn die von den Schülerinnen und Schülern zu entwickelnden Versuche betreffen das Licht, nicht aber die Luft.

Geeignete Pflanzen für diese Experimente sind Schar-bockskraut oder das Busch-Windröschen. Diese Pflanzen finden sich im Frühjahr an vielen verschiedenen Standorten, so dass sie im Bereich der meisten Schulen zu finden sind. Mithilfe einer Schaufel werden Pflanzen, die noch keine Blüten haben, aus dem Boden gegraben und mit Walderde oder Blumenerde in mittelgroße Blumentöpfe (Durchmesser 8 bis 10 cm) eingepflanzt.

Diese Blumentöpfe werden von den Schülergruppen beschriftet und an verschiedene Standorte in der Klasse verteilt. Als Standort bieten sich an:
a) die Fensterbank (viel Licht),
b) die schattige Klassenecke (wenig Licht) und
c) der dunkle Klassenschrank oder die selbst gebaute Dunkelkammer (kein Licht)

Die Pflanzen müssen regelmäßig gepflegt und mit Wasser versorgt werden. Bei diesem 3 – 4 Wochen dauernden Versuch wird die Länge der Sprossachse vom Boden bis zum ersten Blatt gemessen. Es kann aber auch die Länge des gesamten Sprosses gemessen werden. Die Ergebnisse werden in ein ▶Protokoll (TH, S. 40) eingetragen, in dem die Lichtbedingungen, die Tage (Datum) und die Messergebnisse festgehalten sein müssen. Die unterschiedlichen Ergebnisse werden am Ende des Beobachtungszeitraums dargestellt (eventuell Wachstumsdiagramm), verglichen und analysiert.

: Frühblüher aus dem Umfeld der Schule, Schaufeln
: zum Ausgraben der Pflanzen, Blumentöpfe (Durch-
: messer 8 – 10 cm), Protokollblätter, Lineale mit mm-
: Einteilung

4 | Kresseversuch

Beim Kresseversuch, der sich bei sehr unterschiedlichen Fragestellungen im Unterricht einsetzen lässt, sollen die Schülerinnen und Schüler allein oder in Gruppen die Bedeutung des Wassers für die Keimung und das Wachstum von Pflanzen untersuchen. Da die Kressesamen sehr schnell keimen und rasch heranwachsen, ist dieses Experiment zeitlich nicht sehr aufwendig. Innerhalb einiger Tage führt es zu einem sicheren Ergebnis. Als Substrat für diesen Versuch eignet sich sehr gut Watte, die man in dünner Schicht in die Kunststoffpetrischale legt. Die Zahl der Samen sollte für alle drei Ansätze (trocken, feucht, nass) gleich sein (mindestens jeweils 20 Samen), um ein direktes Vergleichsbild bei den Versuchen zu haben. Die Versuchsergebnisse können auch fotografiert werden, um sie dann in einer Wandzeitung zu dokumentieren. Fotodokumentation von Schülerexperimenten und Versuchsergebnissen hat eine stark motivierende Wirkung auf Schülerinnen und Schüler. Sie arbeiten dann sehr sauber und sorgfältig.

Die Deutung der Ergebnisse – feucht gehaltene Samen keimen und wachsen am besten – kann innerhalb der Gruppen oder der Klasse erfolgen. Extreme Trockenheit verhindert von vornherein das Quellen und Keimen der

Samen, extreme Feuchtigkeit lässt die Samen zwar quellen und keimen, verhindert aber das normale Wachstum die Keimlinge „ertrinken".

Die Veränderungen sollen täglich protokolliert werden, so dass dieser Versuch im Klassenraum der Kinder zu beobachten sein muss und nicht im Fachsaal.

- Kunststoffpetrischalen (Durchmesser ca. 8 cm), Watte
- oder Fließpapier, Kressesamen

5 Hyazinthenversuch

Die Zwiebeln von ▶ **Hyazinthen (TH, S. 38)** können die Schülerinnen und Schüler im Samenhandel oder im Gartencenter kaufen. Dort gibt es „präparierte" Zwiebeln, die in einem Hyazinthenglas oder anderem enghalsigen Glas – bis knapp unter den Zwiebelboden mit Wasser gefüllt – sehr schnell Wurzel treiben und Blätter und Spross aus der Zwiebel herausschieben. Dazu müssen die Zwiebeln in der ersten Woche durch ein Papphütchen abgedunkelt werden (sie sollten dabei kühl stehen). Geschieht das nicht, so bleiben Blätter und Spross in der Zwiebel „sitzen" und es bildet sich keine normale Pflanze. Anschließend wird die Pflanze bei normaler Temperatur und unbedeckt auf der Fensterbank gehalten. Ab und zu muss das Wasser im Glas nachgefüllt werden.

Die Wachstumsergebnisse können die Schülerinnen und Schüler in Tabellenform darstellen, besser ist es aber die Ergebnisse in ein Diagramm eintragen zu lassen.

- „Präparierte" Hyazinthenzwiebeln, Hyazinthengläser
- oder Gläser mit engem Hals, Abdeckhütchen, Zenti-
- metermaß, Protokollmaterial oder Diagramm

● *Von Frühlingswanderern*   TH, S. 14

1   Amphibien wandern jedes Jahr zu ihrem Geburtsort

Der Zeitungsausschnitt aus der Stadt Unna zeigt den Schülerinnen und Schülern, dass engagierte Menschen freiwillig den Kampf gegen das Aussterben von ▶**Amphibienarten (TH, S. 34)** in ihrer Stadt aufnehmen und gewinnen. Macht ein solches Engagement Sinn oder ist das nur das Hobby einiger weniger „Spinner"? Die Schülerinnen und Schüler sollten sich erkundigen, ob es solche Gruppen auch in ihrem Ort oder Kreis gibt. Diese Menschen sind erfahrungsgemäß immer bereit, ihre Erfahrungen in Bezug auf ihre Arbeit an junge Menschen weiterzugeben, so dass schnell ein Kontakt zwischen Naturschutzgruppen und Schule zustande kommen kann.

Amphibienrettungsaktionen sind sehr arbeits- und zeitaufwendig, und für solche Aktionen werden viele Mitarbeiter benötigt. Da das Interesse von Schülerinnen und Schülern in diesem Alter an solchen Aktionen immer sehr groß ist, bedarf es nur eines geringen Anstoßes, um sie für eine aktive Mitarbeit zu motivieren. Vor den Wanderungen müssen an vielen Stellen Amphibienschutzzäune aufgebaut werden, um das Überfahren der Tiere während der Wanderung vom Lebensraum zum Laichgewässer zu verhindern. Dabei können die Schülerinnen und Schüler tatkräftig mitarbeiten.

Da die Amphibienwanderungen im März/April immer erst mit Beginn der Dunkelheit bei feuchtwarmem Wetter stattfinden und die Standorte für diese Naturereignisse in der Nähe von Teichen und Gewässern außerhalb der Städte liegen, muss für solche Aktionen einiges organisiert werden. Die Bereitschaft der Eltern vorausgesetzt, muss ein Fahrdienst zu den Wanderplätzen eingerichtet werden. Warme Kleidung, Gummistiefel, Kunststoffeimer und gute Taschenlampen sind bei der Arbeit notwendig. Die Wanderung selbst endet oft erst später am Abend, wenn die Lufttemperatur unter 8° C absinkt, und dadurch die Aktivität der Kröten, Molche und Frösche erlahmt. Dann muss die Heimfahrt der Schülerinnen und Schüler organisiert werden. Da die Amphibienwanderung mehrere Wochen dauern kann, ist es sinnvoll, die Klasse in mehrere Gruppen aufzuteilen, um solche Aktionen sinnvoll gestalten zu können. Solche Krötenschutzmaßnahmen der Schülerinnen und Schüler sollten unbedingt durch Fotos oder Videoaufnahmen dokumentiert werden. Oft ist ebenfalls die örtliche Presse an diesen Naturschutzaktionen interessiert.

- Werkzeug: warme Regenkleidung, Gummistiefel,
- Taschenlampen, Wassereimer

- Thielcke, Gerhard (Mitverf.), Rettet die Frösche, Pro
-   Natur Verlag, Stuttgart
- Schreibers Naturkarten, Amphibien Deutschlands

2   Vögel wandern riesige Strecken

Die Wintermonate sind in Deutschland bedingt durch Frost und Schnee eine nahrungsarme Zeit. Insekten befinden sich in der Winterstarre, Blätter sind abgeworfen oder zurückgebildet, Samen liegen unter der Schneedecke und Früchte sind nicht mehr vorhanden. Den Winter können hier nur Tiere überstehen, die sich Vorräte anlegen oder sich ein Fettpolster für den Winterschlaf anfressen, oder die trotz der Nahrungsknappheit noch genügend zu fressen finden können. Viele Vogelarten müssen, um diese Zeit überstehen zu können, ihren Sommerlebensraum verlassen. Sie legen hierfür große Strecken zurück, um an einen Ort zu gelangen, an dem sie ohne all zu große Konkurrenz genügend Nahrung finden. Diese ▶**Zugvögel (TH, S. 45)** wandern dabei zum Teil bis nach Südafrika.

8 Der kräfteraubende Weg muss trotz aller Strapazen vorteilhaft für diese Tierarten sein, denn sie kehren im Frühjahr regelmäßig zu ganz bestimmten Zeiten nach Europa und Deutschland zurück.

9 An dieser Stelle kann man auf die großen Gefahren durch Vogelfänger und Vogeljagd hinweisen.

a) Die Schülerinnen und Schüler sollen einzeln oder partnerweise Recherchen über das Leben von Zugvögeln in ihrer Umgebung durchführen. Bibliotheken bieten hierfür eine Menge Sachinformationen. Fachleute der Naturschutzverbände helfen meist gern bei dieser Arbeit. Wenn möglich, sollten sie in den Unterricht eingeladen werden, um über ihre Arbeit (Beringen der Vögel, Anpflanzen von Hecken, usw.) und ihre Erlebnisse zu berichten.

: Fachliteratur, Schreibmaterial

b) Am Ende einer solchen Recherche steht dann jeweils ein Steckbrief, in dem die Lebensgewohnheiten der Zugvogelarten dargestellt sind. Aus den verschiedenen Steckbriefen kann dann ein Gesamtwerk mit Titelblatt, Inhaltsverzeichnis, Abbildungen und Quellennachweis entstehen, das für jedes Kind vervielfältigt und danach ringgebunden wird. Ein solches selbsterstelltes Vogelbuch hat bei den Schülerinnen und Schülern einen sehr hohen Wert.

c) Von großer Bedeutung ist die direkte Beobachtung der Vögel im Umfeld der Schule. Hierfür sollte genügend Zeit zur Verfügung stehen, damit die Kinder die oft wenig beachteten Tiere genauer studieren können. Der Einsatz von Ferngläsern ist hierbei sehr sinnvoll; er muss aber auch in genügendem Maße geübt werden, damit die Kinder überhaupt damit umgehen und etwas sehen können. Beobachtungen in der Natur erfordern etwas Geduld und vor allem Ruhe.

Diese Beobachtungen müssen sich keinesfalls nur auf Zugvögel beziehen, auch andere Vogelarten und Tierarten sind hierbei von Interesse.

: Ferngläser in genügender Anzahl (teilweise Schulbesitz, teilweise Besitz der Kinder)

■ *Sommerschule – ein Tag im Freibad*   TH, S. 16/17

Sommer – eine Jahreszeit, in der Unterricht manchmal regelrecht beschwerlich wird. Was liegt näher, als das gute Wetter zu nutzen, um etwas über das Wetter und die Jahreszeit im Freien zu erforschen. Der Lernort Schwimmbad ist hier nicht nur besonders angenehm, sondern auch ausgesprochen lehrreich und angemessen. Hier sind Menschen den Einflüssen des Sommers in besonderer Weise ausgesetzt, hier finden sie Möglichkeiten, sich vor der Hitze zu schützen. Viele der vorgeschlagenen Versuche lassen sich natürlich auch an anderen Lernorten durchführen, bei einem Ausflug oder auch auf dem Schulhof. Auf alle Fälle sollte man jedoch den Klassenraum verlassen und den Sommer da erleben, wo er stattfindet.

Dieser Themenzugang konzentriert sich auf den Schwerpunkt „Sonnenstrahlung". Zunächst wird erarbeitet, warum die Strahlung der Sonne im Sommer intensiver auf die Nordhalbkugel der Erde einwirkt. Dann geht es um die Strahlung selbst, um Wärmestrahlung, den sichtbaren Spektralbereich und das UV-Licht. Den ganzen Tag über werden Wetterdaten erhoben,

die dann am besten am Schluss des Tages, notfalls auch in einer der folgenden NW-Stunden in der Schule, ausgewertet werden.

Die Themenseite dient zur Vorbereitung des Tages im Freibad. Dazu gehört natürlich, dass man sich informiert, welches Wetter in den nächsten Tagen zu erwarten ist. Links oben befindet sich eine Satellitenaufnahme einer typischen Wetterlage im Sommer, darunter der zugehörige Wetterbericht, rechts oben die entsprechende Wetterkarte. Anhand dieser Informationen kann und sollte der Umgang mit Wetterberichten geübt werden (s. auch unten: „Unsere Wetterstation ...", Punkt 4). Zur konkreten Planung des Tages sollte man sich gemeinsam die folgenden Seiten des Themenheftes ansehen. Damit wird deutlich, was an diesem Tag geschehen könnte, unter anderem, dass auch wirklich gearbeitet wird. Selbstverständlich kann man noch weitere Untersuchungsideen zulassen und die dafür benötigten Dinge in die Liste der mitzubringenden Teile eintragen. Danach wären dann noch die üblichen organisatorischen Absprachen zu treffen.

● *Unsere Wetterstation – wir untersuchen einen Sommertag*   TH, S. 18

1 Der Tag beginnt. Kinder wissen, dass es im Sommer weitaus länger hell ist als im Winter. Lange Tage und kurze Nächte sind ein Kennzeichen des Sommers. Allerdings werden sie auch in dieser Jahreszeit selten einen Tag vollständig von Sonnenaufgang bis Sonnenuntergang erleben.

Zu Beginn sollte man mit den Kindern überlegen, warum es Tag und Nacht gibt und warum die Sonne morgens im Osten aufgeht und abends im Westen untergeht. Hilfreich ist dabei das Daumenkino in der linken oberen Ecke aller Seiten des Heftes. Ein

10 Haus dreht sich auf der Oberfläche einer rotierenden Kugel (der Erde) an der feststehenden Sonne vorbei. Wenn sich die Kinder gedanklich in das Häuschen versetzen, können sie den Lauf der Sonne nachvollziehen. Es wird deutlich, warum sie am Horizont auf- und untergeht und bis Mittag immer höher am Himmel steigt.

Angaben zur Tageslänge finden sich oft in den Wetterberichten der Tageszeitungen. Ein genauer Vergleich der Tageslängen zu den verschiedenen Jahreszeiten ist leicht mit einem Kalender möglich. Man sollte die Gelegenheit zum Gespräch darüber nutzen, welche Jahreszeit den Kindern am liebsten ist und welche schönen und nicht so schönen Seiten die verschiedenen Jahreszeiten für sie haben. Gleichzeitig bietet dies Gespräch eine gute Überleitungsmöglichkeit zu Punkt 2, in dem es um die Erklärung der Tageszeiten in den Jahreszeiten geht.

Kalender mit Sonnenaufgangs- und Sonnenuntergangszeiten, Tageszeitung, Daumenkino in den linken oberen Seitenecken des Heftes (TH, S. 10–32) oder selbst gemachtes Daumenkino mit Arbeitsblatt 10.

2 Die Änderung der Tageslänge hat ihre Ursache in der Bewegung der Erde um die Sonne. Die Bahn der Erde im Jahresverlauf ist in der Infothek unter ►Jahreszeiten (TH, S. 38) dargestellt. Eine „animierte" Version findet sich als Daumenkino in den oberen rechten Ecken der Aktionsseiten. Man sollte zunächst klarstellen, an welcher Stelle der Erdkugel wir uns befinden. Wichtig ist weiter, dass die Erdachse geneigt ist, und dass sie auf der Bahn um die Sonne diese Neigung beibehält.

Aus den Bildern wird deutlich, dass im Sommer ein weitaus größerer Teil der Nordhalbkugel von der Sonne beschienen wird als im Winter, dass die Tagzone also deutlich ausgedehnter ist. Die Tageslänge vergrößert sich, je weiter man nach Norden kommt. Im Polargebiet bleibt zur Zeit der Sommersonnenwende die Sonne sogar rund um die Uhr sichtbar.

Häufig vermuten Kinder, dass es im Sommer deshalb so warm wird, weil die Erde dann besonders nahe an der Sonne steht. Diese Annahme ist nicht richtig. Die starke Erwärmung ergibt sich durch den relativ senkrechten Einfall der Sonnenstrahlung auf die Erdoberfläche der Nordhalbkugel. Im Winter ist der Einfall eher streifend, die Energie der Sonnenstrahlung verteilt sich auf eine größere Fläche.

Dieser Zusammenhang kann zusätzlich deutlich gemacht werden, indem man eine Fläche mit einem scharf abgegrenzten Lichtkegel (z. B. von einer Taschenlampe) einmal senkrecht und einmal streifend beleuchtet (s. dazu auch das Winter-Kapitel, TH, S. 31).

Daumenkino Umlauf der Erde um die Sonne, auf den Seiten rechts oben (TH, S. 11–33) oder selbst gemachtes Daumenkino mit Arbeitsblatt 11.

3 Über die Arbeit mit dem Kompass kann man die Himmelsrichtungen an einem gegebenen Ort, etwa im Freibad, zur groben Orientierung festlegen. Die erkannten Zusammenhänge zwischen Erddrehung

und scheinbarer Sonnenbahn lassen sich dabei überprüfen.

Die Geräusche eines Sommermorgens können interessant und informativ sein. Der sinnliche Aspekt sollte nicht zu kurz kommen. In der Regel sind viele unterschiedliche Tierstimmen zu hören. Ein schönes Spiel besteht darin, sich für eine bestimmte Zeit (z. B. 3 Min.) mit geschlossenen Augen ruhig auf den Rücken zu legen und möglichst viele Informationen aus den Geräuschen zu sammeln. Beispiele: Wie viele und welche Vogelarten hörst du, in welcher Stimmung sind die Tiere? Bei Menschenstimmen: Wie viele sind es, sind es Kinder oder Erwachsene, junge oder alte? Was machen die gerade? Fahrzeuge: Welche Art, welche Marke? Usw. Die Windrichtung ist ein erster Indikator für Wetterbedingungen: Wind aus westlichen Richtungen spricht in unseren Breiten meist für ein Tief und damit wechselhaftes Wetter, Wind aus östlichen Richtungen kündigt stabiles, gutes Wetter an. Ohne konkrete Messung der Windrichtung lässt sich oft schon aus einem Anschwellen oder Absinken des Geräuschhintergrunds eine Änderung der Wetterlage vorhersagen. In meinem Wohnort z. B. gibt es einen deutlich hörbaren Zusammenhang zwischen Wetter und Lärm von der westlich der Stadt gelegenen Autobahn.

Kompass, Gerät zur Messung der Windrichtung (nach TH, S. 9)

4 Hier geht es zunächst darum, Zusammenhänge zwischen ►Satellitenbild (TH, S. 40) und ►Wetterkarten (TH, S. 44) zu erarbeiten. Das Ziel besteht jedoch darin, Wetterkarten und Wetterberichte richtig zu interpretieren und mit Erfahrungen in der Natur zu verbinden.

Es empfiehlt sich, die Satellitenaufnahme (TH, S. 16) einmal neben einer Europakarte zu betrachten und zu sehen, welche Länder zu erkennen sind. Auch sollte man klarmachen, wo ungefähr sich der eigene Wohnort befindet. Dann sollten Schüler beschreiben, was sie auf dem Satellitenbild eigentlich sehen. Wo ist wohl gutes, wo schlechtes Wetter?

Es schließt sich ein Vergleich mit der Wetterkarte (TH, S. 17) an. Wenn die Bedeutung der einzelnen Symbole geklärt ist, kann man an die Deutung der Karte gehen: Da, wo im Satellitenbild Wolken zu sehen sind, sind auch in der Wetterkarte Symbole für Bewölkung oder Regen eingezeichnet. Gründe für das Vorhandensein von Wolken erklären sich aus der Luftdruckverteilung über Europa und den damit zusammenhängenden Frontensystemen. Der Luftdruck lässt sich durch die Werte an den dünn eingezeichneten Isobaren ablesen. Im Zentrum der Spirale am linken oberen Bildrand ist der Druck mit weniger als 990 hPa (1 hPa = 1 Hektopascal = 100 Pascal = $100 \times 1 \, N/m^2$) besonders niedrig, hier befindet sich das Zentrum eines Tiefdruckgebietes. Da, wo der Himmel völlig wolkenfrei ist, ist auch der Druck mit mehr als 1020 hPa besonders hoch, hier befinden sich die Zentren von Hochdruckgebieten.

Wie derartige Gebiete zustande kommen, erarbeitet man am besten mit dem Bild in der Infothek (▶ **Luftdruck, TH, S. 39**). Wichtig ist, dass ein Druckausgleich nicht in direkter Richtung vom Hoch zum Tief erfolgt, sondern dass sich Luftmassen um das Zentrum der Druckzonen bewegen: Um Hochdruckgebiete erfolgt die Bewegung im Uhrzeigersinn, um Tiefdruckgebiete gegen den Uhrzeigersinn (s. dazu Zusatzinformation Corioliskraft).

Man sieht am Tief über dem Nordatlantik, wie Luftmassen zum Zentrum des Tief strudeln. Durch die Kreisbewegung um das Zentrum wird kalte Luft aus dem Norden nach Süden befördert, es entsteht eine Kaltfront mit südöstlicher Laufrichtung. In den Hochdruckgebieten sinkt kalte Luft aus großen Höhen ab. Sie verdichtet sich dabei, was mit einer Erwärmung und daraus folgend mit einer Abnahme der relativen Luftfeuchtigkeit verbunden ist. Wolken lösen sich auf, es gibt gutes Wetter.

An den Stellen, wo kalte Höhenluft mit feuchtwarmer aufsteigender Luft zusammentrifft, hier etwa an den Alpen, bilden sich Wolken. Die Wolkenbänder in Norddeutschland und in Osteuropa scheinen Überreste von Kaltfronten zu sein, die ursprünglich von dem Tief über Skandinavien in Bewegung gesetzt wurden. Als letzten Schritt sollte man den Zusammenhang mit dem Wetterbericht herstellen. Der Schwall kalter Höhenluft wird offensichtlich durch das Tief über Skandinavien nach Süden gepumpt. Weil feuchte, warme Luft aufsteigt, gibt es in den Mittagsstunden Schauer und Gewitter an der Küste. Die weitere Prognose spricht von einer Wetterverschlechterung in den nächsten Tagen, die sich durch das kräftige Tief über dem Nordatlantik schon ankündigt.

Es empfiehlt sich, im weiteren Verlauf des Unterrichts immer wieder Satellitenbilder, Wetterkarten und Wetterberichte in der oben besprochenen Weise zu diskutieren und zu interpretieren. Aktuelle Satellitenbilder, Wetterkarten und Prognosen findet man im Internet zum Beispiel unter den Adressen, die am Schluss des Kapitels angegeben sind.

Mit etwas Übung sollten Schüler dann bei nicht allzu komplizierten Wetterlagen im Stande sein, eine Wetterkarte zusammen mit einem Wetterbericht aus der Tageszeitung zu interpretieren und Schlüsse für das kommende Wetter zu ziehen.

Zusatzinformation
Corioliskraft

Alle Winde auf der Nordhalbkugel erfahren eine Rechtsablenkung, auf der Südhalbkugel eine Linksablenkung. Ursache dafür ist die Corioliskraft, eine Scheinkraft, die sich aus der Rotation der Erde erklärt:
Die Bahngeschwindigkeit eines Teilchens, das sich mit der Erde bewegt, ist um so größer, je weiter es von der Polachse entfernt ist, am Äquator also am größten. Bewegt sich ein Teilchen auf der Nordhalbkugel von Norden nach Süden, so bleibt es wegen seiner geringeren Bahngeschwindigkeit gegenüber den dort befindlichen Teilchen zurück. Läuft es umgekehrt von Süden nach Norden, so eilt es wegen der größeren Bahnge-

schwindigkeit vor. In beiden Fällen geschieht eine Ablenkung nach rechts.

Vom rotierenden System der Erdoberfläche aus scheint eine ablenkende Kraft, die Corioliskraft, zu wirken. Corioliskräfte wirken nicht nur auf Luftmassen. Rechte Flussufer auf der Nordhalbkugel sollen stärker erodieren, rechte Eisenbahnschienen stärker abnutzen. Auch Strudel in ablaufenden Badewannen drehen bevorzugt gegen den Uhrzeigersinn.

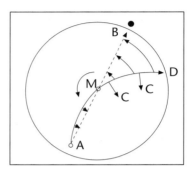

5 Während es bisher darum ging, Aussagen anderer Institutionen zum Wetter zu verstehen, beginnen hier die Messungen von konkreten Wetterdaten. Es soll den Schülern und Schülerinnen klar werden, wie man (natürlich im beschränkten Rahmen der schulischen Möglichkeiten) aus der Beobachtung des Wetters zu Erkenntnissen und lokalen Prognosen kommt.
Die Messungen beschränken sich auf Temperatur, Luftdruck, Luftfeuchtigkeit, außerdem auf Beobachtungen von Bewölkung und Windrichtung. Es ist notwendig, die Messungen pünktlich und sorgfältig durchzuführen. Das kann geschehen, indem man für bestimmte Zeitabschnitte „Dienste" einteilt oder verschiedene Gruppen Messungen parallel durchführen lässt. Schön ist es, wenn man an einer zentralen Stelle eine Tafel aufhängt, auf der die Werte für alle übersichtlich eingetragen werden können. Jeder Schüler sollte jedenfalls am **12** Ende des Tages eine ausgefüllte Tabelle mit Daten besitzen, die er dann individuell auswerten kann.

• Thermometer, Barometer, Hygrometer, Protokollblätter, kleine Tafel, Windrichtungsmesser

6 Kennzeichen des Sommers ist, dass die Sonne am Himmel relativ hoch steigt. Während die scheinbare Bewegung der Sonne für eine direkte Beobachtung zu langsam ist, ist sie an diesem einfachen Modell einer Sonnenuhr leicht zu verfolgen.

• Großes Blatt Papier, Stab, Bleistift

● *Es wird heiß*   TH, S. 19

Der Sommer zeichnet sich vor allem durch intensive Sonnenstrahlung aus. Die nächsten beiden Seiten im Themenheft untersuchen diese Strahlung näher. Auf dieser Seite geht es um den niederfrequenten Teil des Sonnenspektrums, die Wärmestrahlung.

1 Je nach Beschaffenheit einer Oberfläche wird Sonnenlicht von Körpern stärker oder schwächer absorbiert. Starke Absorption weisen dunkle oder schwarze Flächen auf, von hellen oder metallischen Flächen wird Sonnlicht relativ stark reflektiert. Die unterschiedliche Erwärmung der verschiedenen Oberflächen ist subjektiv gut spürbar, wenn man barfuß darüber läuft. Objektiv ist sie messbar mit einem Oberflächenthermometer (erhältlich bei Lehrmittelfirmen, teilweise aber auch preiswerter im gängigen Handel für elektronische Geräte).

Obwohl manchmal bei verschiedenen Flächen gleiche Temperaturen gemessen werden, fühlt sich die eine heißer an als die andere. Das hängt mit der unterschiedlichen Wärmeleitfähigkeit von Stoffen zusammen. Stoffe mit guter Wärmeleitung wie Metalle geben ihre Wärme schnell an unseren Körper ab und machen damit Schutzmaßnahmen wie Kühlung durch Schwitzen wirkungslos.

: Oberflächenthermometer, Protokollblock, Schreib-
: material

2 Eine Sammellinse erzeugt ein winziges Abbild der Sonne im Brennpunkt der Linse. Hier wird es so heiß, dass sich Papier und andere brennbare Stoffe entzünden können. Am besten sieht man diesen Effekt, wenn sich der Brennpunkt auf einer dunklen Fläche befindet, z. B. auf einer fett gedruckten Titelzeile einer Zeitschrift. Das Papier beginnt schnell zu qualmen und zu brennen. Mit der Lupe kann man die Absorption verschiedener Druckfarben recht gut untersuchen. Wenn man an genaueren Ergebnissen interessiert ist, sollte man die Linse fest installieren und Probeflächen in ihren Brennpunkt bringen. Die Zeit bis zur Entzündung des Papiers kann man als Maß für die Absorptionsfähigkeit ansehen.

: Sammellinse (optimal ist eine Brennweite zwischen
: 5 cm und 20 cm), Zeitschrift mit Mehrfarbendruck,
: Tageszeitung

3 Bei starker Erwärmung beginnen Menschen und viele Tiere zu schwitzen. Der Körper nutzt zur Kühlung die Verdunstungskälte verdampfender Flüssigkeiten. Wenn man über den nassen Handrücken bläst, ist der Kühleffekt gut zu spüren. Mit einem Thermometer in einem angefeuchteten Wattebausch lässt sich eine Temperaturdifferenz zur Außentemperatur auch messen. Die Differenz ist um so größer, je geringer die relative Luftfeuchtigkeit ist, je mehr Wasser also verdunstet. Das Verfahren eignet sich daher auch, mit großer Genauigkeit die relative Luftfeuchtigkeit zu messen (s. Bauanleitung Hygrometer, TH, S. 8). Das Phänomen der Verdunstungskälte lässt sich in einem einfachen Teilchenmodell verstehen: Durch die thermische Teilchenbewegung werden ständig Moleküle aus der Oberfläche einer Flüssigkeit hinausgeschleudert. Sie nehmen Bewegungsenergie und damit Wärme mit sich, die Flüssigkeit kühlt ab, da vor allem langsamere Teilchen zurückbleiben.

: 2 Thermometer, angefeuchteter Wattebausch oder
: Papiertaschentuch

4 Wenn man das Tuch um die Flasche feucht hält, ist nach einiger Zeit ein deutlicher Temperaturunterschied zwischen beiden Flaschen zu messen.

: 2 Wasserflaschen, angefeuchtetes Tuch

5 In jedem Schwimmbad gibt es einen Schlauch für Reinigungszwecke. Liegt er in der Sonne, wirkt er wie ein Sonnenkollektor. Vorsicht beim Prüfen der Temperatur! Das Wasser kann unter Umständen recht heiß werden.

: Wasserschlauch

6 Den Aufbau und die Funktionsweise eines ▶**Sonnenkollektors (TH, S. 40)** kann man mit den vorhergegangenen Versuchen und mit der Zeichnung in der Infothek verstehen. Viele Freibäder besitzen eine Kollektoranlage zur Heizung des Wassers. Schülerinnen und Schüler können die Aufgabe erhalten, Informationen über die Leistung, Kostenersparnis usw. einzuholen.

● *Sonnenlicht – schön und gefährlich*   TH, S. 20

In diesem Abschnitt geht es um weitere Strahlungsarten, die im Sonnenlicht enthalten sind. Zunächst wird betont, dass man sich im Sommer nicht ungeschützt intensivem Sonnenlicht aussetzen sollte. Schließlich wird der sichtbare Spektralbereich untersucht, der Teil des Sonnenspektrums, der uns am geläufigsten ist.

1 und **2** Sonnenlicht enthält im kurzwelligen Spektralbereich ultraviolette (das bedeutet „jenseits von violett") Strahlung mit relativ hoher Energie. Die Energie der Lichtteilchen führt zu einer größeren Eindringtiefe in die Haut als bei sichtbarem Licht. Sie reicht aus, um auf molekularer Ebene chemische Veränderungen zu initiieren. Einige dieser Prozesse sind nützlich, etwa bei der Produktion von Vitamin D in der Haut oder bei der Behandlung von Hautkrankheiten, wie Schuppenflechte oder Akne. Andere können jedoch Zellen und Gewebe schädigen. Symptome reichen von leichten Rötungen über entzündungsähnliche Zustände bis zu schweren Verbrennungen. Mögliche langfristige Folgen können ein vorzeitiges Altern der Haut sein, aber auch die Entstehung von lebensbedrohendem Hautkrebs. Es gilt also, die Wirkung von Sonnenlicht zu verstehen, vorsichtig damit umzugehen und Schutzmechanismen zu kennen.

Viele Hinweise finden sich bereits auf Verpackungen für Sonnenschutzmittel. Z. B. ist auf der im Schülerbuch abgebildeten Flasche eine Information zu finden, dass die Substanz vor schädlichen UV-Strahlen, Sonnenbrand und lichtbedingter Faltenbildung schützt. Auch ist eine Empfehlung aufgedruckt, Sonnenbäder in der Mittagssonne zu meiden und Kleinkinder keiner direkten Sonnenstrahlung auszusetzen. Gründe für diese Empfehlungen lassen sich unter Verwendung der Infothek diskutieren (▶Sonnenlicht, TH, S. 41). Die auf Sonnenschutzmitteln angegebenen Schutzfaktoren geben den Faktor an, um den sich die Zeit für ein gefahrloses Sonnenbad verlängert. Bei Verwendung eines Mittels mit Faktor 10 kann man seine Haut 10-mal länger der Sonne aussetzen, ohne einen Sonnenbrand zu bekommen. Es gibt keine festen Regeln, welchen Schutzfaktor man für welchen Hauttyp benötigt. Generell sollte er bei heller empfindlicher Haut vor allem auch zu Beginn des Sommers sehr hoch sein. Viele Schülerinnen und Schüler wissen, dass sie leicht einen Sonnenbrand bekommen. Ihnen ist zu raten, zunächst mit Schutzfaktoren von 20 oder größer zu beginnen und ihn eventuell im Laufe des Sommers schrittweise abzusenken.

Es gibt jedoch noch einfachere und angenehmere Arten des Sonnenschutzes: Man sollte sich bei starker Sonnenstrahlung viel im Schatten aufhalten oder die Haut mit leichten Kleidungsstücken bedecken. Die Bräunung verläuft dann zwar nicht ganz so schnell, aber schmerzloser, gefahrloser und nachhaltiger.

: Verschiedene Sonnenschutzmittel, auch Verpackun-
: gen, Produktbeschreibungen, Beipackzettel

3 Dieser Versuch zeigt, wie Sonnenlicht Papier verändert. Vor allem nicht gestrichene, holzhaltige Papiersorten vergilben leicht nach längerer oder intensiver Lichteinwirkung. Der Effekt wird deutlich durch Gegenstände, die man auf eine Zeitung legt. Bedeckte Zonen bleiben weiß, während ungeschützte Zonen bräunlich gelb werden. Wenn man näher eingrenzen

will, welche Lichtbestandteile für das Vergilben verantwortlich sind, könnte man auch Filterscheiben auflegen, die für bestimmte Wellenlängenbereiche durchlässig sind. Rote Glasscheiben lassen nur Licht im langwelligen Bereich durch, während eine dickere Glasplatte nur UV-Licht weitgehend absorbiert. Quarzgläser lassen auch noch UV-Strahlung hindurch.

: Zeitungspapier, durchsichtige und undurchsichtige
: Gegenstände, Glasscheiben, eventuell Farbfilter

4 Ein ▶Regenbogen (TH, S. 40) zerlegt weißes Sonnenlicht in seine Farbbestandteile. Licht wird beim Eintritt in einen Regentropfen je nach Wellenlänge stärker oder schwächer gebrochen. Rotes Licht wird vergleichsweise wenig, blaues und violettes dagegen sehr stark aus seiner ursprünglichen Richtung abgelenkt (Dispersion des Lichts). An der Rückseite des Regentropfens wird Licht totalreflektiert, wenn es unter ganz bestimmten Winkeln auf die Grenzfläche Wasser–Luft trifft. Es verlässt den Tropfen dann unter einem Winkel, der zur ursprünglichen Richtung etwa 42° beträgt. Für einen Beobachter ist diese Bedingung für alle Punkte erfüllt, die von ihm aus zur Sonne einen Winkel von 42° bilden, also für Punkte auf einer Kreisbahn. Der Kreisausschnitt, der oberhalb des Horizonts sichtbar ist, erscheint als Regenbogen. Da die Winkelbedingung für jeden Beobachter individuell erfüllt sein muss, sieht jeder auch seinen eigenen, persönlichen Regenbogen.

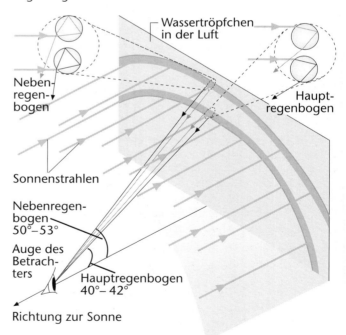

Einen Regenbogen kann man auch in einem feinen Sprühnebel aus Wasser sehen. Wichtig ist, dass die oben genannten Bedingungen erfüllt sind, dass also Sonnenlicht von hinten einfällt und der Sprühnebel einen Öffnungswinkel von mindestens 42° besitzt. Die Entstehung eines Farbspektrums in einem Regentropfen lässt sich in einem abgedunkelten Raum an einem Modell untersuchen: Auf einen wassergefüllten Rundkolben lässt man etwas seitlich vom Zentrum einen schmalen Lichtstrahl fallen. Durch Ausprobieren findet man den Einfallswinkel, bei dem das Licht durch das Wasser wie beim Regenbogen in Spektralfarben zerlegt wird. Deutlich sieht man nun die Brechung und die Reflexion an den Grenzflächen.

Wasserschlauch mit Sprühdüse, Wasseranschluss

5 Farberscheinungen an der reflektierenden Fläche einer CD oder CD-ROM sind den meisten Kindern vertraut. Ihnen ist jedoch oft nicht klar, dass dabei weißes Licht in seine Farbbestandteile zerlegt wird. Die Reihenfolge der Farben ist bei der CD gleich der beim Regenbogen: Rot, orange, gelb, grün, blau und schließlich violett. Im hellen Tageslicht lassen sich objektive Untersuchungen von Spektren kaum durchführen, da die Lichtintensität der verschiedenen Farben vergleichsweise gering ist. Möglich ist jedoch eine subjektive Betrachtung der Farberscheinungen. Mit einer CD sollte man Beobachtungen nur im Schatten machen, damit kein direkt reflektiertes Sonnenlicht in die Augen fallen kann.

Mit einem Prisma sieht man Farbsäume, wenn man es direkt vor das Auge hält und durch das Prisma Kanten zwischen sehr hellen und sehr dunklen Bereichen betrachtet. Man kann auch ein Farbspektrum auf einen Schirm werfen, wenn sich der Schirm in einer recht dunklen Umgebung befindet. Dazu lässt man Sonnenlicht möglichst durch einen schmalen Spalt auf die Seite eines Prismas fallen (▶**Farbspektrum, TH, S. 36**).

Alte CDs oder CD-ROMs, Prismen, schwarze Pappe, Schere

Zusatzinformation

Mit den genannten einfachen Mitteln lässt sich lediglich zeigen, dass weißes Licht in Farben zerlegt werden kann. Es wird auch klar, was die Bereiche „infrarot" und „ultraviolett" bedeuten. Möchte man diese Aspekte vertiefen, so muss man in der Schule in einem abgedunkelten Raum weiterarbeiten. Hier lassen sich in Schülerversuchen oder als Demonstration z. B. die Newtonschen Versuche am Glasprisma durchführen: Der erste Versuch zeigt die bekannte Zerlegung des Lichts in Spektralfarben, der zweite zeigt, dass die Farben nicht weiter zerlegbar sind, und der dritte, dass sich die Spektralfarben wieder zu weißem Licht vereinigen.

Als Lichtquellen gut geeignet sind kräftige Halogenlampen oder auch der Lichtkegel eines Tageslichtprojektors. Besonders leicht lassen sich Farbspektren auch mit so genannten optischen Gittern erzeugen. Diese sind sehr dünn, absorbieren also UV-Licht nicht so stark wie Glasprismen. Man lässt dazu das Licht einer Halogen-Experimentierleuchte auf einen Spalt fallen und bildet diesen mit einer Linse auf der Wand ab. Stellt man nun hinter

1. Newtonscher Versuch

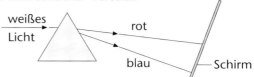

2. Newtonscher Versuch

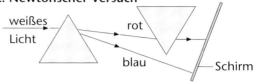

3. Newtonscher Versuch

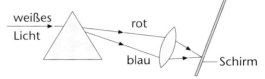

den Spalt das Beugungsgitter, so sieht man ein deutliches Spektrum zu beiden Seiten des Spaltbildes. Infrarotstrahlung lässt sich nachweisen, wenn man neben das rote Ende des Spektrums die rußgeschwärzte Spitze eines Thermometers hält. UV-Strahlung neben dem violetten Ende des Spektrums erkennt man, wenn man dort ein weißes Blatt Papier oder ein weißes Kleidungsstück platziert. Die fluoreszierenden Weißmacher leuchten bläulich auf.

Farbzerlegung an Beugungsgittern funktioniert anders: Eine CD etwa besitzt auf der Oberfläche eine spiralförmige Anordnung zweier durchsichtiger Medien. Die Brechung wiederum ist das Resultat der unterschiedlichen Ausbreitungsgeschwindigkeit von Licht in diesen Medien.

Farbzerlegung an Beugungsgittern funktioniert anders: Eine CD etwa besitzt auf der Oberfläche eine spiralförmige Anordnung von winzigen Vertiefungen mit Abständen von weit unter einem Zehntel Millimeter. An solchen feinen Linien (ähnliche Linien befinden sich auch auf optischen Gittern) findet Lichtbeugung statt. Lichtwellen überlagern sich so, dass sie sich in bestimmten Richtungen verstärken, in allen anderen auslöschen (optische Interferenz). Wegen der unterschiedlichen Lichtwellenlängen ist jede Farbe in einer eigenen Richtung sichtbar.

6 Unsere Augen sind dem Farbspektrum des Sonnenlichts bestens angepasst. Die maximale Empfindlichkeit unserer Sinneszellen auf der Netzhaut liegt im zentralen Bereich der Spektralkurve (▶**Sonnenlicht, TH, S. 41**). Auch der Abstand der Sinneszellen ist genau so groß, dass wir bei unserer Pupillenweite optimal scharfe Bilder sehen können. Bei bestimmten Tieren ist die Geometrie der Sehorgane anders, dementsprechend können sie auch andere Wellenlängenbereiche wahrnehmen. Sie erhalten dadurch ganz spezifische Informationen, die uns verborgen sind. Es ist interessant, sich deutlich zu machen, dass die Welt ganz anders aussehen würde, wenn wir Farben anders wahrnehmen könnten. In diesem Zusammenhang kann man seine Umgebung – Pflanzen, Tiere, andere Menschen – einmal durch Farbfilter oder farbige Folien betrachten. Dinge, die normalerweise stark auffallen, treten in den Hintergrund, andere Details werden plötzlich sehr stark hervorgehoben.

: Eventuell Farbfilter oder Farbfolien

● *Die Vorhersage – Wie wird das Wetter morgen?   TH, S. 21*

Dieser Abschnitt ist im vorliegenden Themenzugang sehr wichtig. Inhaltlich werden hier Messungen von Wetterdaten zusammengetragen, und es wird versucht, mit diesen Daten eine Prognose zu erstellen. Mit Vorhersagen prüfen die Naturwissenschaften, ob Zusammenhänge verstanden wurden. Methodisch stehen elementare Verfahren zur Auswertung von Messungen im Vordergrund. Es ist notwendig, derartige methodische Fertigkeiten gründlich einzuführen und immer wieder an wechselnden Beispielen einzuüben.

1 und 2 Wettervorhersagen haben heute eine wichtige wirtschaftliche Bedeutung. Im Automobilsport entscheidet die richtige Wahl der Reifen oft über Sieg oder Niederlage. In der Landwirtschaft und im Bauwesen ist man für bestimmte Aktivitäten auf gutes Wetter angewiesen und muss dementsprechend planen. Auch für Seefahrt und Fluglinien, für Freizeit- und Tourismusbranchen sind präzise Wetterprognosen zur Planung wichtig. Eine falsche Wettervorhersage für die Osterfeiertage 1998 verursachte an der Ostseeküste Verdienstausfälle in Millionenhöhe.
Auch für Schüleraktivitäten spielt das Wetter eine wichtige Rolle: Auf welche Temperaturen und Witterungsbedingungen müssen sie sich bei Klassenausflügen, Sportveranstaltungen, Gartenfesten usw. einstellen?

3 und 4 Hier geht es um die Erstellung und Interpretation der zur Wetterprognose benötigten Diagramme. Grundlage sind die vorher erhobenen Messwerte, die in Form einer Tabelle aufgezeichnet wurden.
Obwohl in Mathematik Diagramme besprochen werden, haben Schüler oft große Probleme, Diagramme als sinnvolle Visualisierung von Daten zu nutzen. Deswegen sollte man mindestens an einem Beispiel sehr ausführlich auf den Gebrauch von Diagrammen in den Naturwissenschaften eingehen. In der Infothek (▶Diagramme, TH, S. 36) ist eine mögliche systematische Erarbeitung am Beispiel des Temperaturdiagramms dokumentiert. Es ist ratsam, den Weg von den Rohdaten zum Diagramm schrittweise mit den Schülern zu gehen, sie also nicht vorher in der Infothek nachlesen zu lassen.
Der Messwert Temperatur lässt sich anschaulich durch ein Thermometer darstellen (in anderen Zusammenhängen, etwa beim Wachstum einer Bohnenpflanze, könnte man kleine Pflänzchen zeichnen lassen usw.).

Wenn man dies für jeden Messwert durchführt, ergibt sich ein Bild wie auf S. 36 links oben. Um aus diesem Bild Informationen über den Temperaturverlauf des Tages zu entnehmen, konzentriert man sich automatisch auf die roten Säulen der Alkoholfüllung. Man kann den Schülern und Schülerinnen nun die Frage stellen, was man an der Darstellung an überflüssigen Einzelheiten weglassen könnte. Daraus ergibt sich das Säulendiagramm darunter. Auch die Temperaturskala muss nur einmal gezeichnet werden, eventuell sind waagerechte Linien in 10°-Schritten noch sinnvoll.
An diesem Diagramm lässt sich schon einiges diskutieren: Wie ordnet man die Säulen an, wenn Messungen nicht in gleichen Zeitabständen gemacht wurden, was macht man, wenn ein Messwert fehlt? Weiter kann man darauf hinweisen, dass eigentlich nur die Höhe der Säulen wichtig ist, dass sich die Striche also zu Punkten reduzieren lassen. Aus der Anordnung der Punkte ergibt sich ein kontinuierlicher Temperaturverlauf, zwischen Punkten kann auch sinnvoll interpoliert werden. Ob die Punkte durch gerade Strecken oder durch eine möglichst glatte Kurve verbunden werden, ist an dieser Stelle nicht ganz so wichtig, für beide Methoden gibt es sinnvolle Argumente.
Wichtig ist nun, das Ablesen und Auswerten von Diagrammen sorgfältig einzuüben. Geeignet sind dafür Aufgaben wie: Zu welcher Zeit war die Temperatur am höchsten, am niedrigsten? Welche Temperatur war um 12.00 Uhr, um 9.30 Uhr? Um wie viel Uhr betrug die Temperatur 20°?
Eine weitere Einübung geschieht durch Einzeichnen einer anderen Messreihe in das gleiche oder in ein anderes Diagramm. Als Beispiel ist der Vergleich von Wasser- und Lufttemperaturen angegeben. Wichtig ist, dass man die Diagramme dann auch im Zusammenhang diskutiert. Wie erklären sich z. B. die unterschiedlichen Temperaturen in Wasser und in Luft?

: Tabellen mit Messungen des Tages, übliche Schüler-
: Arbeitsmaterialen (Heft, Lineal, Bleistift, Buntstifte,
: Radiergummi)

5 Hier kann man gut sehen, dass Diagramme nicht schematisch angelegt werden sollten. Da z. B. der Luftdruck um Werte zwischen 1000 hPa und 1040 hPa schwankt, ist es nicht sinnvoll, die Skala bei Null beginnen zu lassen. Man wählt einen geeigneten Aus-

schnitt. Ähnliches gilt für die Luftfeuchtigkeit. Hier kommt noch dazu, dass dieser Wert eine andere Skala verlangt als der Druck. Es besteht die Möglichkeit, auch solche Werte in ein einziges Diagramm zu übernehmen, wenn man die linke und rechte Seite für die unterschiedlichen Skalen nutzt. Die Pfeile zur Windrichtung unten orientieren sich an der Kompassnadel. Die drei verschiedenen Messreihen in einem übersichtlichen Bild können in einen Zusammenhang gebracht werden: Der Luftdruck fällt bei wachsender Luftfeuch-tigkeit und bei Drehung der Windrichtung auf westliche Richtungen.

Wenn die Diagramme für die wesentlichen Wetterdaten Temperatur, Luftdruck, Luftfeuchtigkeit und Windrichtung gezeichnet und verstanden wurden, kann man daran gehen, mit diesen Daten und der schon vorher besprochenen Wetterkarte eine Wetterprognose zu wagen. In der Infothek (▶Wettervorhersage, TH, S. 44) findet man Hilfen dazu.

■ Der Herbst – eine windige Zeit   TH, S. 22–27

Überblick über den Themenzugang Herbst

Der Themenzugang „Herbst" konzentriert sich auf den Schwerpunkt „Wind".

Ausgehend von einem heraufziehenden Sturm wird auf der Themenseite (S. 22–23) ein für den Herbst typisches Wetterphänomen vorgestellt. Daran anknüpfend wird nach Spuren des Windes (S. 24–25) in der Natur gesucht. Mit dem selbst hergestellten Windmesser werden Richtung und Geschwindigkeit gemessen und die Kraft und Stärke des Windes mit einem Flugdrachen erfahrbar gemacht. Am Beispiel von Pflanzen (Flugsamen), Tieren (Spinnen) und dem Menschen werden die „positiven" Seiten des Windes und seine Nutzungsmöglichkeiten untersucht.

Die Spuren des Windes werden auch großräumig weiterverfolgt. Mithilfe von Wetterballons werden Luftströmungen, ihre Richtung und Geschwindigkeit über größere Entfernungen projektorientiert erforscht (S. 25). Diese Untersuchung ist vergleichend angelegt. Hoch- und Tiefdruck-Wetterlagen bestimmen die Flugrichtung. Wettermessungen beim Start sind notwendig für eine Flugprognose. Dies entspricht einer Vorhersage der Wetterentwicklung auf der Basis der gemessenen Werte und einer Überprüfung der Vorhersage durch die Auswertung der Flüge (Diagramme und Karten). Luftströmungen werden maßgeblich beeinflusst durch den Luftdruck, das zeigen die Flugversuche mit dem Wetterballon. Diese Beobachtung wird im Windlabor (S. 26–27) aufgegriffen.

Die ersten Untersuchungen (S. 26) klären zunächst das für die Kinder schwer fassbare Phänomen „Luftdruck".

Die Experimente orientieren sich dabei an folgendem Gedankengang: Wind ist Luft, die sich bewegt. Luft besteht aus kleinen Teilchen. Sie hat daher ein messbares Gewicht und übt Druck aus. In der „Wetterküche" (S. 26) werden Veränderungen des Luftdrucks genauer untersucht und mithilfe der gewonnenen Teilchenvorstellung erklärt. Änderungen der Temperatur spielen hier eine wesentliche Rolle.

Das Zusammenspiel von Luftdruck- und Temperaturgegensätzen bei der Entstehung von Wind und Wetter wird abschließend in einem Aquarium simuliert und sichtbar gemacht.

Dies räumliche Modell veranschaulicht dynamisch Luftströmungen in der Atmosphäre und führt damit zurück zum Ausgangspunkt der Untersuchungen, dem heraufziehenden Sturm auf der Themenseite.

Leitmotiv „Wind"

In diesem Themenzugang dient der „Wind" als Leitfaden für die Auseinandersetzung mit der Jahreszeit Herbst, dessen Reiz u. a. in den dynamischen Wetterveränderungen liegt. Es ist die Zeit der Umstellung von stabilem (vgl. Themenzugang „Sommerschule") zu instabilem Wetter. Wechselnde Tagestemperaturen und Niederschlagsmengen, schnelle Luftdruckänderungen und kräftige Luftbewegungen kündigen den Herbst an. Die Atmosphäre kommt in Bewegung, Wind und Stürme begleiten die Wetteränderungen und können in dieser Übergangszeit erfahrbar gemacht werden. Der Herbst hat viele wechselnde Gesichter, die mal freundlich aber auch bedrohlich sein können. Kinder erleben Wetter oft statisch, das Wetter hier, heute und jetzt wird registriert. Ein heraufziehender Herbststurm dient hier als Ausgangspunkt für die Untersuchung dynamischer Wettervorgänge in der Atmosphäre. Wind und Stürme sind gut geeignet, das Wettergeschehen in seiner räumlichen und zeitlichen Dimension und damit als dynamischen Vorgang erfahrbar zu machen.

Aufgabenstellung und Material

Das Erstellen eines Wetterberichts für Hannover und Köln erfordert die Verarbeitung (Analyse und Interpretation) der angebotenen Informationen über das aktuelle Wettergeschehen auf dieser Doppelseite (s. unten). Sind die Kinder bereits aus anderen Themenzugängen (z. B. „Sommerschule" TH, S. 16–21) im Umgang mit Satelliten- und Wetterkarten vertraut, kann diese Aufgabe als offene Fragestellung von ihnen selbstständig bearbeitet werden. Die verfassten Berichte können dann unter verschiedenen Gesichtspunkten ausgewertet werden: Welcher Bericht ist der genaueste, der „spannendste", der lustigste, der informativste, der langfristigste. Die Fülle der verarbeiteten Informationen kann im Vordergrund stehen, aber auch die Ausschmückung mit Details aus der Beobachtung der Natur. Geübten Lerngruppen kann arbeitsteilig die Aufgabe gestellt werden, eine Wettervorhersage für verschiedene Adressatengruppen zu verfassen. Das könnte sein eine Vorhersage für Autofahrer, Fahrradgruppen, Dachdecker, Piloten, Segelflieger, Ballonfahrer, Fußball-

Fachliche Aspekte und Schwerpunkte des Themenzugangs

Aspekte des Themenzugangs	inhaltliche und methodische Schwerpunkte
Beobachtungen in der Natur (Herbstexkursion)	Windspuren in der Natur lesen, Untersuchung von Samen, Früchten, Beeren, Verbreitung von Flugsamen, auch Tiere (z. B. Spinnen) nutzen den Luftraum (Zugvögel s. Themenzugang Frühling), Windnutzung durch den Menschen
Wettergeschehen	Wetterbeobachtungen: Luftströmungen, Wind und Sturm, Tief- und Hochdruckwetterlagen, Wetteränderungen, Wettervorhersage
Meteorologische Messungen	vergleichende Messungen von Luftdruck, Windstärke und -richtung, Temperaturen und Niederschlägen bei Hochdruck- und Tiefdruckwetterlagen
besondere Messmethoden	Windkraftmessungen mit Flugdrachen, der Wetterballon als meteorologisches Instrument zur Untersuchung von Luftströmungen
im Windlabor	Laboruntersuchungen: Wind ist Luft, die sich bewegt; Luftteilchen kann man wiegen; Luftteilchen, Luftdruck und Wärmebewegung; Wettersimulation im Aquarium
Stichpunkte (s. auch Infothek)	Atmosphäre, Flugdrachen und Wetterballon, Jahreszeiten, Luftteilchen und Luftdruck, Luftdruck und Temperatur, Luftdruck und Wetter, Tief- und Hochdruckgebiete, Satellitenbild und Wetterkarte, Wettervorhersage, Wind, Windstärke, Windgeschwindigkeiten (Beaufort-Skala), Windnutzung durch Pflanzen (Flugsamen), Tiere (Spinnen) und Menschen

spieler oder auch ein „Spiele-Wetterbericht für Kinder" oder ein „Zugvogel-Wetterbericht".
Solche veränderten Aufgabenstellungen bieten Kooperationsmöglichkeiten mit den Fächern Deutsch und Gesellschaftslehre.
Ist der Herbstwetterbericht die erste Vorhersageübung, können Zusammenhänge zwischen dem angebotenen Material (Textinformationen Wetterbericht, Landschaftsbild mit Situationsfotos, Satellitenbild und Wetterkarte) von den Kindern selbst entdeckt werden. Dazu bietet das Material dieser Seite folgende Bearbeitungsmöglichkeiten.

Radio-Wetterbericht
Der Wetterbericht für Berlin beschreibt die Ausgangssituation. Der Zuhörer bekommt dabei wichtige Informationen über die Wetterentwicklung im Tagesverlauf.
Wettervorhersagen folgen einem immer ähnlichen Formulierungsschema und bieten den Kindern Strukturierungshilfe für einen eigenen Wetterbericht: Dazu gehört die Angabe von Ort, Datum und Uhrzeit, das Beschreiben der Wetterentwicklung im Tagesablauf (Wetter morgens bis nachts) mit den dazugehörigen Angaben wichtiger Wetterdaten wie Bewölkung, Temperatur, Niederschlag, Windrichtung und -stärke.
In diesem Beispiel werden solche Angaben ergänzt durch eine Unwetterwarnung, die eine Verbindung schafft zu den Motiven des Landschaftsbildes zwischen Köln und Berlin.

Landschaftsbild
Das idealisierte „Panorama" veranschaulicht die Radiovorhersage als Wettersimulation eines herannahenden Sturms und lehnt sich dabei an den „Wetterflug über Deutschland" (Tagesschau-Wetterbericht) an. Das Bild lässt sich räumlich auflösen in das Wetter im Großraum

Berlin, Hannover und Köln. Das entspricht der zeitlichen Reihenfolge: vor, während und nach einem Sturm. Eingestreute Fotos schärfen den Blick für konkrete Details, ergänzen so das Landschaftsbild und lassen eine Ausschmückung durch eigene Erfahrungen und Sturmerlebnisse zu. Eine solche Ergänzung durch eigene Beobachtungen in der Natur ist erwünscht.
Obwohl Fotos und Landschaftsbild eine Momentaufnahme darstellen, vermitteln sie bereits die Vorstellung dynamischer Wetteränderungen. Es ist abzusehen, dass der Sturm Berlin sehr schnell erreichen wird, es ist vorherzusehen, dass dann in Hannover die Wetterbedingungen herrschen werden, die das Bild für den Raum Köln beschreibt. Schwieriger wird eine Vorhersage für Köln. Dazu muss die Europawetterkarte und das Satellitenbild ausgewertet werden. Beide Karten erweitern den Blick von den lokalen Wetterbedingungen auf die europäische „Großwetterlage". Da der Radiowetterbericht auf diesen Karten basiert, vermittelt er zwischen beiden Blickrichtungen.

▶Satellitenbild (TH, S. 40)
Auf dem Satellitenbild dient Berlin als Orientierungspunkt. Die Wolkenfront des Tiefdruckwirbels „Ute" hat Berlin fast erreicht, während Hoch „Herbert" nach Osten abzieht.
In diesen drei sicher zu identifizierenden Merkmalen decken sich Wetterbericht, Landschaftsbild und Satellitenkarte. Unklar bleibt zunächst noch, wo Hannover und Köln zu finden sind und einige Kinder haben sicherlich die Schwierigkeit Tief „Ute" und Hoch „Herbert" geographisch zuzuordnen. Für die weitere Analyse ist es sinnvoll das Satellitenbild parallel zu einer Europakarte auszuwerten. Steht kein Atlas zur Verfügung, kann bereits hier parallel auf die Wetterkarte zurückgegriffen werden. Die Strecke Berlin–Hannover–Köln (ca. 10 mm

auf der Wetterkarte) kann mit Lineal oder Zirkel abgegriffen werden, die angegebenen Hauptstädte auf der Wetterkarte helfen beim Finden verschiedener europäischer Länder. Sind die Lageverhältnisse geklärt, kann erarbeitet werden, in welchem Maßstab sich „Wetter" abspielt, was auf einem ▶Satellitenbild (TH, S. 40) eigentlich zu sehen ist und wo es „gutes" und „schlechtes" Wetter gibt. Für eine Wetterprognose kann aus dem Bild geschlossen werden, dass sich der Sturmwirbel gegen den Uhrzeigersinn weiterdrehen wird und nach dem Durchziehen des Sturms und der nachfolgenden dichten Regenbewölkung wechselhaftes Wetter mit Wolken, Regen aber auch Sonnenschein einsetzen wird. Deutlich erkennbar ist auch, dass das Tief „Ute" über Großbritannien Luft aus nordwestlicher Richtung ansaugt, die Temperaturen werden sinken.

▶Wetterkarte (TH, S. 44)

Ist die Bedeutung der einzelnen Symbole geklärt, kann im nächsten Schritt die Wetterkarte vergleichend analysiert werden:
Da, wo im Satellitenbild dichte Wolken zu sehen sind, findet man auf der Wetterkarte die Zeichen für starke Bewölkung und Regen. „Dünne" Bewölkung und wolkenfreie Gebiete sind ebenfalls durch entsprechende

Symbole gekennzeichnet. Wetterfronten sind im Satellitenbild deutlich zu erkennen und entsprechend auf der Karte eingezeichnet. Zusammenhänge lassen sich auch durch die Betrachtung der Luftdruckwerte an den dünn eingezeichneten Isobaren herstellen. Verständlich werden die Bezeichnungen „Tief" und „Hoch" durch den Vergleich der Luftdruckwerte. Im Zentrum des Tiefs „Ute" ist der Druck von 980 hPa deutlich „tiefer" als die „hohen" Werte von über 1025 hPa im abziehenden Hoch „Herbert".
Ein Nordmeer-Tief und ein weiteres Hochdruckgebiet über Spanien und Nordafrika lassen sich ebenfalls anhand der Werte auf der Karte identifizieren. Vergleicht man die Größe der Tief- und Hochdruckgebiete, erscheinen die Tiefdruckgebiete kleiner, die Isobaren verlaufen enger.
Charakteristisch für ein Sturm- oder Orkantief sind große Luftdruckgegensätze in einem sehr „kleinen" Gebiet (hier über Großbritannien), wobei der Luftdruck zum Zentrum des Sturms sehr schnell abnimmt. Das deckt sich mit den Erfahrungen einiger Kinder, dass der Barometerzeiger bei einem aufkommenden Sturm sehr schnell fällt. Auch in vielen Seefahrergeschichten taucht dieser Druckabfall als erster Warnhinweis vor einem Orkan auf.

● *Auf den Spuren des Windes*   TH, S. 24–25

Diese Doppelseite verbindet Naturbeobachtungen draußen mit Auswertungen in der Schule und einer projektorientierten Untersuchung von Luftströmungen mit dem Wetterballon. Die Beobachtungen und Untersuchungen vor Ort können im einfachsten Fall auf dem Schulhof stattfinden. Im Rahmen einer Herbstexkursion, eines Wandertages oder Unterrichtsganges gewinnen sie aber an Fülle und Qualität. Entsprechend der Bedingungen vor Ort können Schwerpunkte erweitert und vertieft werden, neue Aspekte hinzukommen. Der Herbst hat viele Gesichter. Im Kasten „Herbstexkursion" werden Erweiterungsmöglichkeiten vorgestellt und angeregt. Jahreszeitliche Exkursionen können im Bereich der „Umweltbildung" einen wichtigen Baustein auch im Schulprofil darstellen.

Themenanregungen für Herbstexkursionen:
– Auf den Spuren des Windes
– Reisezeit (Zugvögel und Flugsamen)
– Drachenzeit
– Die Natur im Herbst (Der Wald und andere Ökosysteme)
– Streuobstwiesen, Obstanbau
– „Spinnenzeit" (Netze, Beute, Verhalten)
– Nährstoffe in der Natur
– Früchte, Beeren, Samen,
– Pilze
– Überfluss, Ernte, Vorräte/Einmachzeit)
– Bestimmen von Tieren und Pflanzen
– Farben in der Natur

– Herbstbilder mit Blättern
– Paarungszeit

1 Woher weht der Wind? Windspuren lesen!
Diese Aufgabe knüpft an die Themenseite an und sensibilisiert für anschließende Beobachtungen in der Natur draußen. Das Landschaftspanorama mit den eingestreuten Fotos enthält eine Vielzahl solcher „Windspuren".
Diese können einmal horizontal gelesen werden. Diese Lesrichtung bereitet eine Skalierung nach der ▶Windstärke (TH, S. 45) vor und reicht vom schweren Sturm (entwurzelte und umgeknickte Bäume) über frischen Wind (flatternde Fahnen, Flugdrachen) bis zur Windstille (senkrecht aufsteigender Rauch, vollständiger Samenstand beim Löwenzahn). Dabei werden die „groben" Spuren von den Kindern schnell entdeckt, die „feineren" manchmal übersehen.
Die vertikale Suche nach Spuren sensibilisiert für den gesamten Luftraum. Wolkenbilder, Schornsteine, Bäume, Blätter aber auch die Bodenvegetation geben Hinweise auf die Windverhältnisse. Draußen entdecken die Kinder dann oft noch zusätzliche Spuren des Windes oder sie berichten von entsprechenden Beobachtungen (Kondensstreifen, Vögel im Wind, Windräder, Heißluftballons, Segelflugzeuge und -schiffe, Wetterfahnen, Getreidefelder oder Schilfhalme im Wind, Wellengang am Meer).
„Tricks", den Wind sichtbar zu machen, werden anschließend ausprobiert, die Windrichtung mit einem

Kompass bestimmt, Luftströmungen mit dem selbst gebauten Windmessgerät untersucht. An dieser Stelle sollte auch die erweiterte Beaufortskala aus der Infothek (►Windstärke, TH, S. 45) besprochen und benutzt werden.

• Kerze, Räucherstäbchen, Seifenblasen, Kompass, selbst
• gebautes Windmessgerät, Beaufortskala aus der Info-
• thek (TH, S. 45)

---

2 Wie viel Kraft hat der Wind?

a) Untersuchungen mit einem Flugdrachen
Bei entsprechendem Wind erfordert das Festhalten eines ►Flugdrachens (TH, S. 37) erhebliche Kraft. Windkräfte erfahrbar zu machen ist Ziel dieses Aufgabenteils. Der subjektive Eindruck wird hier objektiviert durch die vergleichende Messung des Körpergewichts mit und ohne Drachen in der Hand. Der Bau des Leichtwinddrachens gelingt besser und schneller, wenn eine Schablone für den Zuschnitt vorbereitet ist und ein Prototyp vorliegt. Natürlich können auch vorhandene Drachen mitgebracht und vergleichend untersucht werden.
Übrigens: Drachenleinen dürfen nicht länger als 50 m sein. Das reicht aber aus für eine zusätzliche Messung der Lufttemperatur in verschiedenen Höhen. Dazu befestigt man unterhalb des Rings, an dem die Drachenleine angeknotet wird, ein Minimaxthermometer oder – falls möglich – den sehr leichten Messfühler eines Funkthermometers. Die Messeinrichtung läßt sich mit Luftnoppenfolie (Verpackungsmaterial bei vielen Elektrogeräten) gut gegen einen Absturz abpolstern.

b) Die Kraft der Herbststürme
Die Wind-Angriffsfläche eines Baumes vor dem Blattfall im Herbst ist deutlich größer als im Winter. Die Fläche eines Blattes kann nach dem „Durchpausen" (Frottage) relativ genau durch Auszählen der Rechenkästchen bestimmt werden. Auch das Berechnen der Gesamtfläche von 1000 Blättern ist zu schaffen.
Schwieriger ist die Flächenberechnung des Flugdrachen. Hier benötigen die Kinder Hilfe bei der Umwandlung der Drachenfläche in ein einfaches Rechteck (s. Skizze).
Die Luftöffnungen werden zunächst nicht mitberücksichtigt. Trennt man auf der Schablone mit einer Schere das rechte Dreieck (Fläche C) vom Rest des Drachens ab und zerschneidet es in ein kleines Dreieck (C 1) und ein großes (C 2), dann lassen sich diese Dreiecke an den „Rest" so anlegen, dass ein einfaches Rechteck entsteht (s. Skizze). Dieses kann dann entweder ausgemessen oder berechnet werden. Maße:
Länge: 78 cm
Breite: 21,5 cm + 21,5 cm + 21,5 cm = 64,5 cm
Fläche: 5031 cm² = 0,5031 m² / ca. 0,5 m²
Will man es ganz genau ausrechnen, kann mit dieser Umwandlungsmethode auch die Größe der Luftöffnungen (B 1 und B 2) bestimmt werden. Stellt man sich eine Luftöffnung auf dem Kopf stehend vor, so ergänzt

sie die andere Öffnung wiederum zu einem einfachen Rechteck. Maße:
Länge: 21,5 cm
Breite: 18,3 cm + 12,5 cm = 30,8 cm
Fläche: 662,2 cm² = 0,06622 cm² / ca. 0,07 m²
Aus beiden Berechnungen lässt sich nun die Gesamtfläche der Drachenbespannung berechnen und mit der Fläche der Astblätter vergleichen.
Übrigens: Die Frottage und das Berechnen der Blattfläche erfordert ein genaues Hinsehen. Dabei wird auch die Vielfalt der Blattgrößen, Formen und Blattränder deutlich, wichtige Bestimmungsmerkmale für Bäume. Das Ausmessen lässt sich hier ideal mit dem Bestimmen verbinden und daraus eine Frottage-Blattsammlung erstellen. Eine solche Sammlung von Blättern in Originalgröße, versehen mit dem Namen der Pflanze und weiteren Blattmerkmalen, kann zu einer eigenen Bestimmungshilfe ausgebaut werden und ein angelegtes Herbar (s. Themenzugang Frühling) sinnvoll ergänzen.

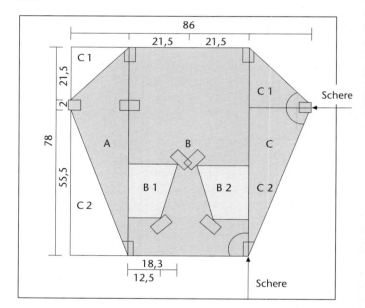

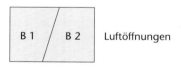

B 1   B 2   Luftöffnungen

• Material und Bauanleitung Flugdrachen aus der Info-
• thek (TH, S. 37), Personenwaage, Blätter von Bäumen,
• Bleistift, Rechenpapier, Schere, Schablone, Flug-
• drachen

¦ Backes, W.: Drachen einfach und schnell gebaut , Ver-
¦ lag Urania-Ravensburger, Berlin 1998, 64 Seiten mit
¦ vielen Tipps zum Bauen, Starten, Trimmen von Flug-
¦ drachen, ca. 8,90 DM

3 Tiere, Pflanzen und Menschen nutzen den Wind! Ausgehend von der Untersuchung der Kraft des Windes wird hier der Nutzungsaspekt thematisiert. Kindern fällt dazu meist zuerst das Windkraftwerk oder die Windmühle ein. Dass außer dem Menschen auch andere Lebewesen Luftströmungen nutzen ist ihnen oft wenig bewusst. Unmittelbar einleuchtend ist die Abhängigkeit von Luftströmungen bei allen flugfähigen Tieren, also vor allem Vögeln (Vogelzug s. Frühling) und Insekten. Dieser Zusammenhang wird im Themenheft „Fortbewegung in Natur und Technik" intensiv untersucht. Hier soll der jahreszeitliche Bezug im Vordergrund stehen. Herbstzeit ist Spinnzeit und Reifezeit von Früchten und Samen. Untersuchungen zu Flugsamen und Spinnennetzen können im näheren Schulumfeld durchgeführt werden, bei entsprechender Bepflanzung mit Hecken und Bäumen oft auch auf dem Schulgelände. Solche Untersuchungen sind ein lohnendes Ziel für eine Herbstexkursion.

a) Spinnen (TH, S. 41)
Spinnen im Unterricht

Viele Kinder haben Angst vor Spinnen, halten sie für unheimliche, abscheuliche, gefährliche Tiere, die man am besten totschlägt. Mit solchen Reaktionen und Gefühlen muss man rechnen, wenn Spinnen zum Unterrichtsthema werden. Dagegen hilft nur ein vorsichtiges Annähern, Sachkenntnisse und das Betonen der faszinierenden Leistungen dieser Tiergruppe.
Bei der hier vorgeschlagenen Untersuchung von Netzen in der Natur können die Kinder den Abstand zu den Spinnen selbst bestimmen. Er verringert sich im Lauf der Untersuchung deutlich, wenn die ersten Netze entdeckt werden und es gelingt die Tiere beim Netzbau

14 oder Beutefang zu beobachten. Dann kommen auch viele Fragen und es wird deutlich, dass von diesen Tieren eine große Faszination ausgeht.
Sachinformationen in Form eines Steckbriefes über Körperbau, Gift, Spinnfäden, Netze, Beutefang und Beutetiere, eine Kopiervorlage zum Vorkommen der Tiere und eine Bestimmungshilfe für einige häufige Arten anhand ihrer Netze findet sich im Anhang. Film und Buchhinweise helfen bei der Vor- bzw. Nachbereitung der Untersuchung im Unterricht.

15 #### Herbstzeit ist Spinnenzeit
Spinnen und ihre Netze findet man im noch warmen Frühherbst überall. Nach der Wachstumsexplosion der Pflanzen bei steigenden Temperaturen und zunehmender Lichtmenge im Frühling (Themenzugang Frühling ▶ **Frühblüher, TH, S. 38**) erreichen die Populationen der Insekten bis zum Spätsommer und nachfolgend die der Spinnen ihr Maximum. Spinnen nutzen Luftströmungen nicht nur mit ihren Netzen zum Beutefang. Jungspinnen lassen sich an ihren Fäden vom Wind transportieren und erobern so neue Lebensbereiche. Die typischen hellen Fäden auf Äckern, Wiesen und in der Vegetation („Altweibersommer") stammen von dieser Ausbreitungsstrategie. Ebenso auffällig sind die taubenetzten Gespinste und Fangnetze im Herbst. Diesen Effekt kann man sich bei den Untersuchungen zunutze machen und mit einem Wassersprüher (mit Feindüse)

16a Netzstrukturen deutlicher machen. (Hinweis: Solche Sprenger lassen sich allerdings auch sachfremd nutzen). Dann allerdings ist ein Beutefang kaum mehr zu beobachten.

Umweltfaktor Wind, Netzbau und Beute
Die vorgeschlagene Untersuchung macht Zusammenhänge zwischen Windbelastung, Beutespektrum und Netzkonstruktion deutlich. In unterschiedlicher Höhe findet man verschiedene Netztypen. Bodennetze sind

16b windgeschützt angebracht und eignen sich zum Fang laufender Bodeninsekten. Radnetze werden windexponiert angelegt. Sie stehen senkrecht im Raum und „filtern" fliegende Insekten aus der Luft. Dazu müssen sie entsprechend stabil und elastisch gebaut sein. Zwischen Boden- und Radnetzen findet man Gespinste und waagerechte Netzkonstruktionen. Die Netzbelastung durch Wind ist entsprechend geringer. Fliegende und springende Insekten werden durch die oberen Spannfäden zum Absturz gebracht, das Netz fängt die Beute auf.

Zusatzinformation

Spinnen – Körperbau
Spinnen werden oft mit den Insekten verwechselt. Sie haben aber nie Flügel und immer acht Beine (Insekten haben sechs Beine). Kopf und Brust gehen bei den Spinnen ineinander über, das Kopf-Bruststück trägt die vier Beinpaare. Vorne am Kopf sitzen zwei bewegliche Taster und die Giftklauen. Mit diesen „Giftspritzen" wird die Beute getötet. Auf dem Kopf findet man unter dem Binokular mehrere (oft 6–8) kleine Augen. Am Hinterleib sitzen die Spinndrüsen. Hier werden die Fäden für die Netze produziert.

Giftbiss und Ernährung
Spinnen töten ihre Beutetiere, meist Insekten, indem sie ihnen mit einem Biss Verdauungsstoffe in den Körper einspritzen. Dieses „Gift" verdaut das Innere des Körpers, verflüssigt die Körperzellen und setzt die Nährstoffe frei. Spinnen haben nur eine kleine Mundöffnung. Die flüssige Nährstofflösung wird einfach aus der toten Beute aufgesaugt.

Spinnfäden
Die Fäden werden aus Proteinen in den Spinndrüsen gebaut. Dieser Baustoff wird mit der Nahrung aufgenommen und ist für einige Spinnen so kostbar, dass sie ihr Netz abends auffressen und daraus neue Fäden und Netze herstellen. Auch zerrissene Netze werden so „wiederverwendet".
Es gibt zwei Sorten von Fäden aber jede Spinne kann nur eine Sorte herstellen.
An den Klebfäden bleiben Beutetiere kleben, in den Wollfäden verheddern sie sich. Alle Fäden sind dehnbar und besonders reißfest. Schwingungen und „Zappelbewegungen" und damit die Größe der Beute kann die Spinne an den Fäden spüren. Ein Kletterseil von der Dicke eines Spinnenfadens reißt eher und ist weniger elastisch.

Lebensräume Luft und Wasser
Spinnfäden sind ideale Drachenleinen. Wie bei der Verbreitung von Flugsamen lassen sich einige Jungspinnen an ihren Fäden vom Wind transportieren und erobern

so neue Lebensbereiche. Auch unter Wasser lebt eine Spinne. Aus ihren Fäden spinnt sie eine Taucherglocke und füllt diese mit Luft. Hier frisst sie, hier legt sie ihre Eier ab.

Netze, Beutefang, Beutetiere

Die einfachsten Netze findet man in Bodenhöhe. Hier verstecken sich die Spinnen meist in Bodenhöhlen, aus denen dann Signal- und Stolperfäden in die Umgebung führen. Die Netze sehen oft aus wie ein waagerecht ausgelegtes Gewebe aus einzelnen Fäden. Wenn am Boden laufende Beutetiere die Fäden berühren, stürzt die Spinne aus ihrer sicheren Höhle, ergreift sie und zieht sie oft in ihren Unterschlupf. Nur selten gehen fliegende Insekten ins Netz.

Im Gebüsch, in Bauchhöhe, findet man oft Gespinste. Viele Fäden werden zwischen den Zweigen ausgespannt, oft ist es schwierig die Spinne im Gewirr ihrer Fäden zu entdecken. Einige dieser Gespinste zeigen schon eine waagerecht liegende Netzform. Das Netz wird nach oben hin mit Fäden verspannt. Fliegende Insekten stoßen an diese Spannfäden und fallen dann auf das Netz, wo die Spinne schon wartet.

Perfekte Radnetze bauen die Kreuzspinnen bis in Kopfhöhe senkrecht in den Wind. Sie fangen vor allem fliegende Insekten. Sehr große, schwere Insekten, z. B. Käfer, Hummeln, Libellen können das Netz zerreißen. Sie findet man sehr selten im Netz. Wehrhafte Beute wie Wespen, Hornissen und Bienen werden oft von den Spinnen aus dem Netz ausgeschnitten und nicht gebissen. Schmetterlinge können sich meist selbst befreien, dabei bleiben ihre Flügelschuppen an den Klebefäden zurück. Kleine Beutetiere, z. B. Fliegen, werden sofort durch einen Biss getötet und dann mit Fäden eingewickelt. Heuschrecken und andere stark „strampelnde" Beutetiere werden oft erst mit Fäden gefesselt und dann durch einen Biss „ruhig gestellt". Hat die Spinne genug Nahrung gehabt, werden gut verschnürte Beutetiere auch als Vorrat im Netz aufbewahrt.

Stern, H./Kullmann, E.: Leben am seidenen Faden. Die rätselvolle Welt der Spinnen. Kindler-Verlag, München 1987

Tschudin, M.: Keine Angst vor Spinnen. Unterrichtshilfe des schweizerischen Bundes für Naturschutz, Basel 1992

Bezug über: Schweizerischer Bund für Naturschutz, Postfach, CH-4020 Basel.

Foelix, R. F.: Biologie der Spinnen. Georg Thieme Verlag, Stuttgart/New York 1992

Baehr, B./Baehr, M.: Welche Spinne ist das? Kleine Spinnenkunde für jedermann. Kosmos Naturführer. Franckh'sche Verlagshandlung, Stuttgart 1987

Die Kreuzspinne. FWU, sw, 12 min

3b) Flugsamen (TH, S. 37)

Diese Untersuchung kann in folgenden Schritten organisiert werden:

– Suchen, Sammeln und Bestimmen von Samen und Früchten

– Sortieren des Materials nach der Art der Verbreitung

– Flugversuche

– Auswertung

– weitere Untersuchungsmöglichkeiten

– Sammeln und Bestimmen

Der Herbst ist die beste Zeit, Samen und Früchte und ihre Verbreitung zu untersuchen. Die Windverbreitung von Flugsamen lässt sich dabei besonders gut durch den Vergleich mit anderen Strategien erschließen. Die Vielfalt der Samen und Früchte und die Möglichkeiten der Verbreitung sollte man deshalb nicht schon im ersten Schritt der Untersuchung eingrenzen. Vor dem Sammeln muss auf die mögliche Giftigkeit einiger Früchte und Beeren hingewiesen werden. Das Suchen nach Material erfolgt am besten im Rahmen einer Herbstexkursion und kann gut mit den Untersuchungen zur Kraft des Windes, der Blattsammlung und -bestimmung (2b) und auch mit den Spinnenuntersuchungen (3a) kombiniert werden. Die Pflanzen und ihre Samen und Früchte sollten möglichst „vor Ort" bestimmt werden. Die Bestimmung nach den Blüten ist meist nicht mehr möglich, wichtige zusätzliche Merkmale wie Wuchsform, Größe, Blattstruktur u. a. können nachträglich kaum noch zur Bestimmung herangezogen werden.

– Sortieren nach der Art der Verbreitung

In diesem Schritt werden die mitgebrachten Samen und Früchte genauer untersucht und können jetzt nach ihrer Verbreitung sortiert werden. Unter dem Stichwort „Flugsamen" werden in der Infothek die drei wichtigsten Transportmöglichkeiten (Wasser, Wind, Tiere und der Mensch) erläutert. Die Verbreitung durch Wasser kann aufgrund des untersuchten Gebietes meist ausgeschlossen werden. Flugsamen lassen sich am einfachsten identifizieren. Besondere Flugeinrichtungern werden oft sofort erkannt, bei sehr kleinen Samen hilft eine Untersuchung unter der Lupe oder dem Binokular weiter. Erste Fallversuche, „Pusten" und das Wiegen der Samen (Durchschnittsgewicht) sichern die erste Einschätzung ab. Alle Samen und Früchte sollten in diese Untersuchungen einbezogen werden. So findet man auch Hinweise auf eine Verbreitung durch Tiere. Häkchen zur Befestigung im Fell von Tieren werden unter dem Binokular sichtbar, klebende Samen werden beim Hantieren entdeckt.

Größere Früchte wie Hagebutten weisen oft Fraß- oder Pickspuren auf, auffällige Farben locken Vögel (Verbreitung mit dem Kot) an. Nüsse werden von Nagern und Vögeln als Wintervorrat vergraben oder in den Nistbereich eingetragen. Zur Kontrolle und dort, wo keine Zuordnung offensichtlich ist, findet man unter dem Namen der Pflanze im Bestimmungsbuch auch Hinweise auf die Verbreitung.

– Flugversuche

Die gefundenen Flugsamen werden vergleichend untersucht. Der Vergleich als naturwissenschaftliche Methode lässt sich besonders gut bei Planung, Durchführung und Auswertung von Fallversuchen an Flugsamen anwenden. So muss geklärt werden, was verglichen werden soll. Die Aussagekraft über die Windverbreitung erhöht sich, wenn nicht flugfähige Samen in die Experimente einbezogen werden (z. B. Kastanien). Das ist nicht notwendig, wenn Flugeinrichtungen (z. B. Propeller, Fallschirm) verglichen werden sollen.

Für alle Samen müssen vergleichbare Versuchsbedingungen geschaffen werden. Das erfordert bei der Planung eine Diskussion über Modalitäten (Fallhöhe, Start- und Messmodus), Störeinflüsse und den Ort der Versuche (drinnen/draußen).

Die Fallhöhe sollte nicht zu gering sein, Unterschiede zwischen den Samen werden dann deutlicher. Markiert man mit Kreide den „Aufschlagpunkt" eines flugunfähigen Samens und die Landestellen der untersuchten Flugsamen, so kann über die Messung der Fallzeit hinaus zusätzlich auch die Ausbreitungsentfernung bestimmt werden.

– Auswertung

Auch die Analyse und Interpretation der Ergebnisse sollte vergleichend angelegt werden und kann ergänzt werden durch eine Fehlerdiskussion.

Zusammenhänge zwischen dem Gewicht der Samen, den Flugeinrichtungen und Flugeigenschaften der Samen lassen sich aus dem Vergleich der Messwerte ableiten. Flugsamen sparen Gewicht ein und verbessern damit ihre Verbreitungsmöglichkeiten. Diesem Zweck dienen auch die jeweiligen besonderen Flugeinrichtungen. So kombinieren etwa die Fallschirmflieger (z. B. Löwenzahn- und Distelsamen) beide Möglichkeiten und optimieren damit ihre Ausbreitungsstrategie. Die Nachteile der Windverbreitung – viele Samen „landen" an zur Keimung ungeeigneten Stellen – werden wettgemacht durch die große Menge der produzierten Flugsamen.

– Weitere Untersuchungsmöglichkeiten

Die Untersuchung der gefundenen Samen und Früchte kann unter dem Jahreszeitenaspekt ergänzt und erweitert werden durch Keimungsversuche. Viele Samen lassen sich im Herbst nicht zur Keimung bringen, auch wenn man ihnen optimale Bedingungen im Klassenraum bietet. Ein riskantes, sofortiges Keimen wird durch Keimsperren verhindert. Erst die winterliche Kälte („kalte Stratifikation") macht diese Samen keimfähig. Durch „Kühlschrankversuche" lassen sich solche Samen identifizieren und damit ein wirksames Prinzip entdecken, wie Pflanzen Jahreszeiten „feststellen".

Ergänzt werden können die biologischen und physikalischen Aspekte auch durch chemische Untersuchungen der Inhaltsstoffe von Samen und Früchten. Das Anlocken von Tieren durch das Bereitstellen von nährstoffreichen Samen und Früchten (besonders Kohlenhydrate und Fette) dient der Verbreitung ebenso wie auffällige Farben. Die notwendige Reduktion der Nährstoffvorräte bei Flugsamen erhöht zwar ihre Verbreitungschancen durch den Wind, verringert aber gleichzeitig ihre Nährstoffreserven für die Keimung.

3c) Menschen nutzen den Wind

Als Beispiel für die Windnutzung durch den Menschen werden meist zunächst Windkraftanlagen und Windmühlen genannt. Weitere Nutzungsmöglichkeiten findet man besonders im Bereich der Fortbewegung (z. B. Segelschiffe und -flugzeuge, Ballons und „Luftschiffe") und aus dem Bereich Sport und Freizeit (z. B. Fallschirmspringen, Drachenfliegen, Paragliding, Bau von Winddrachen und anderer Fluggeräte). Haben die Kinder Flugsamen und Spinnen untersucht, finden sie sehr schnell auch Beispiele für „Tricks", die der Mensch der Natur abgeschaut hat. Dieser Zusammenhang zwischen Natur und Technik (Bionik) wird am Beispiel der Flugsamen besonders deutlich.

---

4 | Mit dem Wind fliegen!

Der Einsatz von Wetterballons auf dieser Seite lenkt den Blick von den lokalen Untersuchungen zurück zum großräumigen Wettergeschehen. Wind und Wetter werden maßgeblich bestimmt durch den jeweils herrschenden Luftdruck. Der Vergleich der Flugrouten der Ballons beim Start unter Hochdruckeinfluss und bei einer Sturmwetterlage ist gut geeignet die Bedeutung des Luftdrucks für das Wettergeschehen nachvollziehbar zu machen. Zugleich lernen die Kinder eine meteorologische Methode kennen, großräumige Luftbewegungen zu verfolgen. Bei der Auswertung der Flüge stecken sie in der Rolle eines Meteorologen, der eine Prognose wagt und diese dann auch selbst überprüft.

4a) bis 4c) Der Count-down läuft

Von den Startvorbereitungen bis zum Start können sich die Kinder an den vorgegebenen Stichpunkten orientieren und ihren Count-down weitgehend selbstständig organisieren.

Auf folgende Punkte sollte dabei allerdings besonders geachtet werden:

– Postkarten und Ballons sollten möglichst auffällig sein. Die Quote der zurückgeschickten Postkarten erhöht sich deutlich, wenn man sie vorher frankiert. Die Entscheidung über diese möglicherweise – vergebliche Investition – sollte man mit der Klasse diskutieren.

– ▶Ballongas (TH, S. 35) mit seinem hohen Heliumanteil ist teuer, es darf aber aus Sicherheitsgründen nicht ersetzt werden durch Wasserstoff. Eine 10 kg Leihflasche kostet zur Zeit (Stand: Januar 2000) ca. 80,– bis 100,– EU o. MwSt.

Im Rahmen des Schulprofils macht die Anschaffung Sinn, wenn mehrere Klassen eines Jahrgangs diese meteorologische Untersuchung projektorientiert und evtl. vergleichend oder auch im Wettbewerb angehen. Auch die Fundquote der Ballons erhöht sich deutlich je mehr Ballons gestartet werden.

Sollte eine Anschaffung nicht möglich sein, kann Ballongas auch über private Anbieter (Gasfachhandel, Schausteller, „Partyservice", Organisatoren von Stadt- und Volksfesten aber auch durch „Sponsoring") besorgt werden. Allerdings werden dann oft Kosten pro Ballon fällig und – falls keine Ausleihe erfolgt – ist man evtl. von festen Terminabsprachen für den Startzeitpunkt abhängig, die sich nicht am Luftdruck und Wetter orientieren.

– Bestimmungen zur Flugsicherung müssen auch beim Start von kleinen Ballons berücksichtigt werden. Ein Anruf bei der zuständigen Flugsicherung – evtl. unter Beteiligung der Kinder – gehört mit zur Vorbereitung der Flüge.
Einige wichtige Regeln sollten mit der Klasse besprochen werden:
– die Ballons dürfen nicht mit brennbaren oder explosiven Gasen befüllt werden
– selbst gebastelte Schildchen dürfen nicht größer sein als eine Postkarte
– die Postkarten dürfen nicht mit Draht am Ballon befestigt werden
– Die „weichen" Postkarten dürfen nicht durch Hartplastik ersetzt werden, ein Einschweißen in weiche Plastikfolie ist erlaubt
– Ballons dürfen beim Start nicht zusammengebunden werden und sollten nacheinander gestartet werden (s. auch Startprotokoll)
Besondere Vorschriften bestehen in der Nähe von Flughäfen. Liegt die Schule in einem Radius von 15 km müssen Absprachen und ggf. auch Anträge bei der Flugsicherung des Flughafens gestellt werden.

4d) Wettermessungen

Mit dem Start der Ballons beginnen die Wettermessungen. Das Erheben der Wetterdaten in stündlichen Intervallen muss vorher organisiert werden. Es erleichtert Kindern dieser Altersstufe deutlich das Erstellen von ▶Diagrammen (TH, S. 36) aus den Messwerten und auch das Auswerten der Befunde. Die erhobenen Daten bei einem Sturmtief weisen eine deutlich größere Schwankungsbreite auf (instabiles Wetter). Sie zeigen aber auch, dass Änderungen des ▶Luftdrucks (TH, S. 39) korreliert sind mit Veränderungen der Windstärke und der Temperatur.
Im Vergleich mit einem stabilen Hochdruckwetter fällt auf, dass die Schwankungsbreite der Werte gering ist. Die Werte für den Luftdruck liegen deutlich höher, die

der Windstärke niedriger. Beide Wetterlagen unterscheiden sich besonders durch die Windrichtung und die Niederschlagsmengen. Westliche Winde mit Regen sind typisch für Tiefdruckgebiete, östliche Winde mit trockener Luft zeigen Hochdruckeinfluss an.
Diese Ergebnisse der Auswertung können übersichtlich in einer Tabelle (Tiefdruckwetter/Hochdruckwetter) gesammelt und gesichert werden.

4e) Wertet die Flüge aus!

Die Auswertung der Flüge erfordert Kartenarbeit. Die Fundorte der Ballons zeigen zunächst die Hauptwindrichtung an. Anhand des Kartenmaßstabs lässt sich dann die zurückgelegte Entfernung bestimmen. Ist auf den zurückgeschickten Postkarten das Funddatum angegeben, läßt sich auch die „Reisegeschwindigkeit" – allerdings nur sehr grob – errechnen. Hier spielen viele Faktoren eine Rolle, u. a. der Zufall beim Auffinden der Ballons, was zu einer Fehlerdiskussion genutzt werden kann.
Sind die Flugdaten ausgewertet, können die Flugvorhersagen überprüft werden.
Fehleinschätzungen in der Flugrichtung und unrealistische Prognosen lassen sich so identifizieren und durch die Ergebnisse der Flüge mit „Erfahrung" verbinden.
Im letzten Schritt werden die Flüge vergleichend ausgewertet. Die generelle Windrichtung bei einem Tief (meist westliche Winde – Flugrichtung Osten) unterscheidet sich deutlich von einem Start unter Hochdruckeinfluss (meist östliche Winde – Flugrichtung Westen).
Die Fundorte liegen bei einem Hoch meist näher am Startpunkt als bei einem Tief, ein Zeichen für unterschiedliche Windgeschwindigkeiten bei der jeweiligen Wetterlage.
Übrigens: rekordverdächtige Flüge kommen dabei immer wieder vor. So wurde ein Ballon, der bei stürmischem Wetter im Raum Dortmund gestartet wurde, ca. 100 km vor Moskau aufgefunden.

● Im Windlabor   TH, S. 26–27

Die großräumigen Untersuchungen mit dem Wetterballon zeigen deutlich, dass Luftströmungen, ihre Richtung und Intensität, maßgeblich durch den jeweils herrschenden Luftdruck bestimmt werden. Daran anknüpfend werden im Windlabor physikalische Ursachen für das Entstehen von Luftströmungen genauer untersucht. Zunächst steht das Phänomen Luftdruck im Mittelpunkt der Untersuchungen. Die Vorstellung, dass Luft aus kleinen Teilchen besteht, erklärt dies Phänomen. In Experimenten zur „Wetterküche" wird genauer untersucht, wie Wärmebewegungen der Teilchen den Luftdruck verändern. Das Entstehen von Luftbewegungen (Wind) durch das Zusammenspiel von Druck- und Temperaturgegensätzen wird abschließend in einem Simulationsversuch zur Windentstehung demonstriert.

1 Mach nicht so viel Wind!
Die Versuche, Luft mit einfachen Mitteln selbst in Bewegung zu bringen und so „Wind" zu erzeugen, bilden den Einstieg in die physikalischen Untersuchungen. So wird erfahrbar und vorstellbar, dass Luft aus Materie, aus kleinen Luftteilchen besteht, die man zwar nicht sehen aber deutlich spüren kann. Diese Überlegungen führen zum Wägeversuch 2, die Teilchenvorstellung wird in Aufgabe 4 vertieft.

: Fächer, Föhn, Einwegspritze, ggf. Blasinstrumente

2 Luft kann man wiegen

Der Versuch zeigt mit einfachen Mitteln, dass sich Luft wiegen lässt. Benötigt wird dazu eine Feinwaage. Aus der Messung des aufgepusteten Luftballons und der leeren Ballonhülle lässt sich die Masse der im Luftballon eingesperrten Luft bestimmen. Der Ballon sollte möglichst groß sein. Bei einem Richtwert von 1,3 g pro Liter Luft werden die Unterschiede der Messwerte dann deutlicher.

: Große Ballons, Feinwaagen

3 Luft drückt

Wenn man Luft wiegen kann, dann übt Luft auch Druck aus. Dieser Gedankengang erleichtert den Kindern den Zugang zum Verständnis des Luftdrucks. Die drei Versuche veranschaulichen dieses Phänomen. Die Ergebnisse lassen sich zusammenfassen unter den Aussagen: Luft drückt von oben (Versuch 3a), Luft drückt von unten (3b), Luft drückt von allen Seiten (3c)

3a) Die Gewichtskraft der Luft drückt mit 10 N (1 kg) auf jeden cm² der Erdoberfläche und natürlich auch auf das Zeitungspapier in diesem Versuch. Liegt das Zeitungspapier glatt und dicht auf der Unterlage, so wird diese Kraft überraschend direkt spürbar, bei dem Versuch, das Holzbrettchen mit einem schnellen Ruck hochzuziehen. Deutlich weniger Kraft kostet es, das Brettchen langsam hochzuziehen. Hier wird lediglich die Gewichtskraft des Brettchens mit der leichten Zeitung registriert.

: Brettchen, Schnur, Zeitung

3b) Der Druck der Luft wirkt auch von unten auf die Fläche der Postkarte. Er ist so stark, dass das Wasser nicht ausfließt. Bei diesem Versuch ist ein guter Randschluss der Karte notwendig. Postkarten sind dafür gut geeignet.

: Wasserglas mit Wasser, Postkarte

3c) Für diesen Versuch benötigen die Kinder Informationen über den ▶**Luftdruck (TH, S. 39)**. Beim Erwärmen einer offenen Plastikflasche dehnt sich die Luft in der Flasche aus. Ein Teil entweicht. Die Anzahl der Luftteilchen in der Flasche verringert sich und damit der Innendruck beim anschließenden Abkühlen der Luft in der geschlossenen Flasche. Die Luft außen „drückt" von allen Seiten auf die Flasche und beult sie ein. Der Luftdruck außen ist größer als der Innendruck. Wird der Verschluss geöffnet, ist ein „Zischen" deutlich hörbar. Gleichzeitig beult sich die Flasche wieder aus. Luft muss also in die Flasche eingeströmt sein. Der Druckunterschied gleicht sich aus. Dabei fließt die Luft von einem Gebiet hohen Drucks außen zum „Tiefdruckgebiet" innen.

Weichplastikflaschen verformen sich bei diesem Versuch deutlich. Je weicher das Flaschenmaterial ist, desto deutlicher wird, dass der Luftdruck von allen Seiten einwirkt.

: Weichplastikflaschen

4 Luft besteht aus kleinen Teilchen

Teilchenvorstellungen lassen sich bei Kindern dieser Altersstufe über Comic-Bilder entwickeln. Dabei ist wichtig, dass die gezeichneten Bilder den erkannten Eigenschaften der Teilchen gerecht werden. Luftteilchen sind unsichtbar, klein, leicht, beweglich und gemeinsam „bärenstark" (s. Grafik zu dieser Aufgabe). Diese Eigenschaften sollten als Vorgaben für das Comicbild deutlich herausgearbeitet werden. Sie dienen bei der Vorstellung und Beurteilung der Bilder als Überprüfungskriterien. In den anschließenden Versuchen zur „Wetterküche" (s. Aufgabe 5) werden diese Teilchenvorstellungen angewendet. Es wird geprüft, ob sie in der Lage sind, die makroskopischen Versuchsbeobachtungen auf der Teilchenebene zu erklären.

: Heft, Buntstifte

5 In der Wetterküche

In den drei Versuchen zur „Wetterküche" geht es um die Erarbeitung von Zusammenhängen zwischen Temperatur und ▶**Luftdruck (TH, S. 39)**. Hier sollen auch die Teilchenvorstellungen angewendet werden. In allen drei Versuchen werden Luftteilchen erwärmt, dadurch verändert sich auch der Druck.

5a) Flaschengeister

Die zunehmende Teilchenbewegung führt zu einer Druckerhöhung in einem geschlossenen Gefäß. Dabei dehnt sich die Luft aus und hebt die Münze auf der Flasche an. Dazu reicht die „vereinte" Körperwärme der Hände aus.

Hinweis: Verrutscht die Münze zu Beginn des Versuchs, ist der Effekt nicht beobachtbar. Dann hilft ein kurzes Abkühlen der Flasche unter dem Wasserhahn vor der Wiederholung des Versuchs.

: leere Flaschen, Geldstücke

5b) Eine Mülltüte steht Kopf

In diesem Versuch bildet die leichte Mülltüte ein nach unten offenes „Gefäß". Die Hände werden durch eine stärkere Wärmequelle ersetzt. Zunächst ist zu beobachten, dass sich die Luft in der Tüte ausdehnt, die Folie strafft sich. Etwas später hebt die Tüte ab und schwebt wie ein Heißluftballon nach oben. Warme Luft ist leichter als kältere, sie steigt auf.

Hinweis: Die Tüten fliegen stabiler, wenn der untere

Rand mit Büro- oder kleinen Wäscheklammern etwas beschwert wird.

: Kochplatte, 3 Stativ-Ständer, 1 leichte Mülltüte

5c) Ach, du dickes Ei!

Erwärmt man die Luft in einem Erlenmeyerkolben auf einer Heizplatte und verschließt ihn direkt danach mit einem gekochten Ei, so entsteht beim Abkühlen des Gefäßes im Kolben ein Gebiet mit niedrigem Druck (vgl. auch Versuch 3c, TH, S. 26). Außen ist der Luftdruck so hoch, dass das Ei in den Kolben gedrückt wird. Zum Entfernen des Eis dreht man das Gefäß um. Das Ei rutscht als Verschluss in den Kolbenhals. Wird der Kolben in dieser Position wieder erwärmt drückt die sich ausdehnende Luft das Ei wieder heraus. Erwärmen und Abkühlen von Luftteilchen führt hier zu direkt beobachtbaren Druckänderungen.

Hinweis: Durch geschicktes Experimentieren (dosiertes Erwärmen und Abkühlenlassen des Kolbens) gelingt es das Ei im Kolbenhals hin und her rutschen zu lassen (evtl. etwas Speiseöl im Hals verteilen). Das Ei wird so zum Messgerät für Luftdruckgegensätze.

: Erlenmeyer-Kolben
: hartgekochtes Ei
: ggf. etwas Speiseöl

6 Wind im Aquarium

In den Versuchen wird hier die Windentstehung durch das Zusammenspiel von Hoch- und Tiefdruckgebieten simuliert. Das umgestülpte Aquarium mit dem eingeschlossenen Luftraum dient dabei als vereinfachtes aber räumliches Modell der Wetterschicht in der Erdatmosphäre.

Wird in diesem Modell mit einem angezündeten Räucherstäbchen ein künstliches Tiefdruckgebiet erzeugt, in dem der erwärmte Rauch aufsteigt, bilden sich auch entsprechende Hochdruckgebiete aus, in die der abgekühlte Rauch absinkt. Die so entstehenden Luftbewegungen lassen sich als „Wind" räumlich verfolgen und von allen Seiten beobachten.

Von oben betrachtet wird so die Perspektive von Satellitenbildern und Wetterkarten erschlossen, die seitliche Blickrichtung entspricht einem Querschnitt durch die Wetterschicht der Atmosphäre (s. auch Grafik zum Luftdruck und Wetterentwicklung, TH, S. 39).

Die Versuche und Beobachtungen schlagen den Bogen zurück zu den Themenseiten mit dem heraufziehenden Sturm (TH, S. 22–23).

6a) Im Aquarium werden Luftbewegungen (▶Wind, TH, S. 44) durch den Rauch sichtbar gemacht und mit Windpfeilen auf den Aquariumscheiben markiert. In diesem Aufgabenteil geht es zunächst darum die verschiedenen Luftströmungen zu identifizieren und eine räumliche Vorstellung zu gewinnen.

Bei seitlicher Blickrichtung ist der aufwärts gerichtete Luftstrom (Aufwind) über der Glut des Räucherstäbchens deutlich erkennbar. An der oberen Glasscheibe wird der Rauch seitlich abgelenkt (Höhenwind), außerdem kühlt er sich u. a. auch durch den Glaskontakt langsam ab.

In der ▶Atmosphäre (TH, S. 35) entspricht die Glasscheibe der Grenzschicht zwischen der Wetterschicht bis in ca. 10 km Höhe und der darüberliegenden, deutlich kälteren Luftschicht.

In einigen Zentimetern Entfernung sinkt der abgekühlte Rauch wieder nach unten (Abwind) und strömt als Bodenwind wieder auf den Glutkegel des Räucherstäbchens zu. Es entsteht ein Kreislauf von Luftbewegungen.

Von oben betrachtet strömt der „Höhenwind" kreisförmig über der Glut des Räucherstäbchens nach außen weg, der „Bodenwind" auf die Glut zu.

Erweiterungsmöglichkeiten: Wird die obere Glasplatte (kalte Grenzschicht) zusätzlich mit Eiswürfeln oder Kühlbeuteln abgekühlt, beschleunigen sich die Luftbewe-

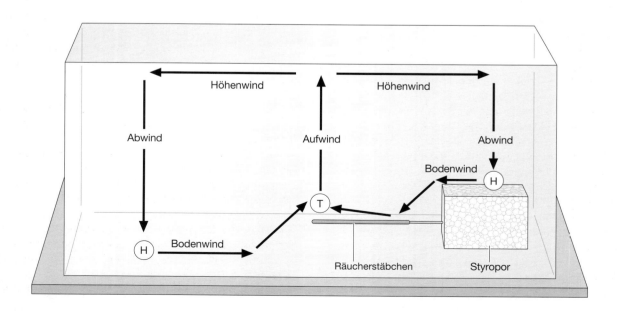

gungen deutlich. Starke Temperaturgegensätze heizen das Wettergeschehen an. Durch Abkühlen der Bodenschicht im Aquarium lassen sich Inversionswetterlagen erzeugen.

: Aquarium, Räucherstäbchen, Styroporblock, Folienstifte

6b) Wird der Versuch über einer Europakarte wiederholt, lassen sich die Luftbewegungen lokalisieren. Windvorkommen, Windrichtung und Windstärke lassen sich für verschiedene Länder auf der Karte angeben. Es entsteht so die Vorstellung einer Wind-Wetterkarte. Oft erkennen die Kinder bereits in diesem Zwischenschritt die Lage des Tiefdruckgebietes an der aufsteigenden Luft über der Glut des Räucherstäbchens. Der Bereich der absinkenden Luft wird allerdings seltener als Hochdruckgebiet identifiziert. Erweiterungsmöglichkeiten: Der Einfluss von Gebirgen – etwa der Alpen – auf Luftströmungen läßt sich durch Aufstellen entsprechender Hindernisse ebenfalls simulieren. Ein solches Hindernis stellt etwa auch der Styroporblock im Versuch dar.

6c) Der Blick aus der Satellitenperspektive in das Aquarium hinein zeigt deutliche Ähnlichkeit mit den Satellitenbildern auf den Themenseiten (TH, S. 22–23). Auch hier bewegt sich die rauchmarkierte Luft bodennah auf ein zentrales Tiefdruckgebiet zu. Diese Bewegung erfolgt allerdings direkt auf das Zentrum zu und nicht in Spiralform. Die Wirkung der Corioliskraft, die verantwortlich ist für die Wolkenspirale im Satellitenbild, ist in diesem Modell nicht zu erkennen. Im Vergleich mit dem Satellitenbild gelingt den Kindern meist in diesem Aufgabenteil das Identifizieren des

 zentralen Tiefdruckgebietes über der Glut des Räucherstäbchens und das Lokalisieren der seitlich davon liegenden Hochdruckgebiete.

Erweiterungsmöglichkeiten:
– Die Windverhältnisse lassen sich an verschiedenen Karten des Atlas für unterschiedliche Kartenausschnitte, Länder und Erdteile durchspielen.
– Verändert man die Position des Räucherstäbchens verändern sich ebenfalls die „Wetterverhältnisse".
– In einem größeren Aquarium lassen sich zwei und mehr „Tiefdruckgebiete" mithilfe von Räucherstäbchen simulieren und das komplexere Zusammenspiel der Luftbewegungen bei mehreren Tief- und Hochdruckgebieten analysieren.

: Wie in 6a, und Europakarte

6d) In diesem Aufgabenteil wenden die Kinder ihr Wissen an. Die Aufgabenstellung erfordert eine Analyse des „Wetters" im Aquarium und eine Umsetzung in ein Bild.
Ein selbst entworfenes Landschaftsbild bildet hier den Hintergrund für das Wettergeschehen im Vordergrund des Aquariums. Das unfertige Bild wird dem „Wetter" im Aquarium entsprechend zu Ende gemalt. Das Ergänzen von Sonnenschein, Wolken, Rauchfahnen, Regen usw. entspricht einer Wettervorhersage.
Orientierungshilfe finden die Kinder auf dem „fertigen" Landschaftsbild der Themenseiten dieses Herbstkapitels.

: Zeichenblock, Buntstifte, Klebestreifen

■ Winter – Zeit der Ruhe?   TH, S. 28/29

Für die Natur ist der Winter in unseren Breitengraden eine Zeit der Ruhe, für die Menschen eher weniger. Weniger Licht und Sonnenstunden, Temperaturen bis unter die Frostgrenze, ein geringeres Nahrungsangebot kann nur überleben, wer sich anpassen kann an die dadurch bestehenden Energiedefizite. Tiere und Pflanzen sichern das Überleben ihrer Art durch besonders sparsamen Umgang mit Energie. Menschen, vor allem in den Industrienationen, haben andere Energiequellen gefunden, um die Defizite auszugleichen, elektrisches Licht, Heizung, Nahrungsmittel aus anderen Teilen der Welt – um nur einige zu nennen.
Schüler, vor allem Stadtkinder, können sich diese Zusammenhänge erst erschließen, wenn sie sich im Winter mit den Besonderheiten des Wetters befassen. Sie ermitteln mit ihren selbst gebauten Geräten (s. TH, S. 8) über einen längeren Zeitraum Wetterdaten, beschäftigen sich aber auch mit den Aggregatzuständen des Wassers, Temperaturmessungen und der Wärmeleitfähigkeit verschiedener Stoffe. Die physikalischen

Erkenntnisse ermöglichen einerseits, die sinnvollen Überlebensstrategien von Tieren und Pflanzen zu erkennen. Außerdem ergeben sich aus dem Vergleich zwischen Mensch und Natur erste Fragen nach sinnvollen Energiesparmaßnahmen zu Hause und in der Schule. Auf der Themenseite gibt es zunächst viel „Winterliches" zu entdecken. Erkennbar ist, dass Tiere und Pflanzen ihre Aktivitäten reduziert haben. Kein Laub auf den Bäumen, kein Gras, keine Tiere, nur auf dem Dach finden sich Spuren im Schnee. Menschen sind zu sehen, ihre Aktivitäten sind als Wintersportmöglichkeiten angedeutet (Schlittschuhlaufen, Skifahren in den Bergen) und durch die Spuren im Schnee. Die Zeichnungen enthalten Hinweise auf die Themen der nächsten Seiten und geben Gelegenheit, das Vorwissen der Schüler und Schülerinnen zusammenzutragen. Die im Winter tieferen Temperaturen auf der Wetterkarte können mit den Wetterkarten der anderen Jahreszeiten verglichen werden (s. TH, S. 10, S. 16, S. 22). Winterliche Temperaturen, Schnee- und Regengebiete der verschiedenen Klimabereiche Europas sind ablesbar. Ein Wintermärchen könnte von den abgebildeten Tieren (Ameisenbau, Hausmaus, Puppe, Rotkehlchen, Eich-hörnchen, Igel) erzählen, von Ereignissen in Schnee und Eis, vom Leben der Menschen auf dem abgebildeten Bauernhof.

● *So eine Kälte TH, S. 30*

1 Temperaturen messen

Hier geht es darum Temperaturen zu messen, abzulesen und die gesammelten Daten zu interpretieren. Dazu gehört auch, an mehreren Tagen mit den selbstgebauten Geräten der Wetterstation (TH, S. 8) die unterschiedlichen Wetterdaten zu ermitteln und zu vergleichen. Die erste Messreihe wird mit einem Mini-Max- ►**Thermometer (TH, S. 42)** erstellt. Einfach abzulesen ist ein handelsübliches Digitalthermometer mit Außenfühler. Es misst nicht nur ständig die Innen- und Außentemperatur sondern speichert auch die höchste und tiefste gemessene Temperatur. Man liest jeden Tag zur gleichen Zeit ab und trägt die Daten in die vorbereitete Tabelle ein. Die gespeicherten Höchst- und Tiefstwerte werden nach dem täglichen Ablesen gelöscht. Die Herstellung eines ►**Diagramms (TH, S. 36)** wird mithilfe der Infothek selbstständig erarbeitet. Mit den gemessenen Daten über Luftfeuchtigkeit, Luftdruck und Wind kann man Wetterentwicklungen beobachten und im Einzelfall auch Prognosen erstellen. Ein Vergleich mit den Wetterdaten aus der Tageszeitung oder dem Internet ermöglicht Erkenntnisse über die Besonderheiten der Lage der Schule.

Mini-Max-Thermometer

2 a) Die Schülerinnen und Schüler planen und notieren bevor sie nach draußen gehen, wo sie geschützte und ungeschützte Stellen, sonnige und schattige finden, wo sie unter Laubstreu und unter dem Schnee messen können. Das Foto von der Themenseite deutet mögliche Messstellen an. Das Schätzen führt zu Vermutungen, wo es Temperaturunterschiede geben könnte. Wenn das Ablesen eines Laborthermometers zu schwierig erscheint, wählt man ein Digitalthermometer mit Messfühler. Vergleich und Auswertung der Messungen führen zu Vermutungen über Ursachen der Unterschiede. Die Antworten ergeben sich aus den Versuchen der nächsten Seiten, aber auch aus den Wetterdaten.

Thermometer

b) Die „wärmsten" Stellen sind auch die, an denen Tiere überwintern. Hausmaus, Igel und Eichhörnchen von der Titelseite sind hier als typische Überwinterer noch einmal abgebildet. Einen Überblick über Überwinterungsformen verschiedener Tierarten erhält man in der Infothek (S. 42). Das Arbeitsblatt beschreibt *20* die unterschiedliche ►**Überwinterung (TH, S. 42)**

von Igeln im Freien und in einer Überwinterungsstation.

21 Mit dem Igelspiel (Arbeitsblätter 21 a–c) können die Schülerinnen und Schüler ihr Wissen über Igel erweitern. Das Spiel erfordert keine spezifischen Vorkenntnisse. Über die eigenen Entscheidungen und Hinweise auf den Karten lernen die Schüler im Spielverlauf unterschiedliche Aspekte aus dem Igelleben kennen. Zur Vorbereitung die Texte auf Karteikarten (DIN A7) kleben. Auf die Rückseite jeder Karte schreibt man gut sichtbar die zugehörige Nummer. Die Karten werden mit der Rückseite nach oben ausgelegt. Alle Mitspieler lesen die Spielregeln genau durch.

Verlauf: Das Spiel kann einzeln oder in Kleingruppen gespielt werden. Wird die Klasse in Gruppen aufgeteilt, müssen die Mitspieler vor jeder Entscheidung ihre Strategie diskutieren und zu einer gemeinsamen Entscheidung kommen. Es gewinnt die Kleingruppe oder der Spieler / die Spielerin mit der höchsten Punktzahl. Die Spieldauer ist abhängig von der verfügbaren Zeit, sollte jedoch 15 Minuten (einzeln) oder 30 Minuten (Gruppen) nicht überschreiten. Hat ein Spieler mit sehr wenigen Entscheidungsschritten das Ende erreicht, kann man ihn auffordern, seine Punktzahl in einem weiteren Durchlauf zu verbessern.

3 Teste dein Kälteempfinden

Kaltes Leitungswasser (ca. 18° C) ist ausreichend, kann aber noch mit einigen Eiswürfeln versehen werden. Das lauwarme Wasser sollte etwa 30° C haben, in das heiße muss man noch hineinfassen können! Es kann eine Temperatur von 40° bis 45° C haben. Das Temperaturempfinden ist individuell sehr unterschiedlich.

a) Bei dem Versuch wird eine Hand im kalten Wasser abgekühlt, die andere im heißen Wasser gleichzeitig erwärmt. Geht man nach 1 Minute mit beiden Händen gleichzeitig in das Gefäß mit dem lauwarmen Wasser, haben die Hände ein unterschiedliches Temperaturempfinden des lauwarmen Wassers. Diesen Versuch kann man auch als Spiel mit verbundenen Augen organisieren. Die Hände müssen dann von einem Spielleiter geführt werden. Verblüffend ist auch, wenn die Versuchspersonen jeweils eine Temperaturangabe machen und anschließend nachmessen.

b) Mit dem Föhn (auf kalter Stufe) wird die Hand weiter abgekühlt und so das ►**Kälteempfinden (TH, S. 38)** noch verstärkt wird. Die Tabelle in der Infothek zeigt, dass tiefe Temperaturen in Kombination mit größerer ►**Windstärke (TH, S. 45)** zu gefährlichen Erfrierungen z. B. im Gesicht führen können.

Bei jedem Versuch kann eine Temperaturangabe

zunächst geschätzt und dann mit einem Thermometer gemessen werden. Die hier geschätzten Werte liegen meist weit entfernt von den gemessenen Werten. Ergänzung: Kältespray wird zur Behandlung von Warzen oder Verstauchungen eingesetzt.

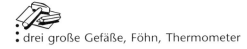

: drei große Gefäße, Föhn, Thermometer

● *Achtung – Wärmeverlust* TH, S. 31

1 a) Die Tageslänge (TH, S. 42) kann mithilfe der Tabelle in Stunden und Minuten angegeben werden. Genaue Angaben über weitere Orte findet man im Internet unter www.donnerwetter.de. Will man die Sonnenauf- und -untergänge vergleichen, beachte man die Sommerzeit bzw. Winterzeit.
b) Ausgehend von eigenen Beobachtungen ist die Antwort (im Sommer) mithilfe der Abbildung des scheinbaren Sonnenverlaufs in der Infothek zu finden.
c) Dieser Modellversuch zeigt die Abhängigkeit der Erwärmung von der Größe der beleuchteten Fläche. Er ist auch mit einer Taschenlampe oder mit der Experimentierleuchte aus dem Optikmaterial durchführbar. Der Unterschied ist mit der Hand gut fühlbar, genaue Temperaturwerte kann man aber auch mit einem Oberflächenthermometer ermitteln. Da die Lichtmenge in beiden Versuchen die gleiche ist, kann sich die größere Fläche nicht so stark erwärmen wie die kleinere.

10 Zur Beantwortung der Frage bietet sich an,
11 das „Daumenkino" links und rechts oben auf den Seiten zu betrachten. Weitere Informationsquellen sind der Atlas und eine Zusammenarbeit mit dem Fach Gesellschaftslehre.

: Lampe, schwarze Pappe, Lineal, evtl. Oberflächenthermometer

2 Am Fahrrad gibt es viele verschiedene Stoffe, mit unterschiedlicher Fähigkeit zur ▶Wärmeleitung (TH, S. 43). Alle diese Stoffe sind gleich kalt, ein Thermometer würde immer dieselbe Temperatur wie die Umgebungstemperatur messen. Da unsere Hände mit ca. 30° C viel wärmer sind, leiten die Stoffe unsere Körperwärme mehr oder weniger stark ab. Ein guter Wärmeleiter wie der Lenker kann viel Wärme aus der Hand ableiten und im Lenker verteilen, die Hand wird kalt. Ein schlechter Wärmeleiter wie der Handgriff nimmt kaum Wärme aus der Hand auf, die Hand bleibt warm. Metalle sind gute Wärmeleiter, alle Gase sind schlechte Wärmeleiter. Deshalb eignen sich Schaumstoff, Wolle, Styropor gut zur Wärmeisolation (s. auch Versuch 3). Die folgende Tabelle gibt an, um wie viel besser ein Stoff die Wärme leitet als Luft.

Weitere Tipps:
– Messungen mit einem Oberflächenthermometer ergeben beim Lenker höhere Temperaturen als beim Handgriff, wenn man beides lange genug mit seinen Händen anfasst, da das Metall mehr Wärmeenergie aufnimmt.

Aluminium	10 000	Luft	1
Eis	70	Stein	45
Eisen	2 000	Styropor	1,7
Glas	35	Wolle	1,5
Glaswolle	2	Vakuum	0
Holz	10		
Kupfer	15 000		

Relative Wärmeleitzahlen, bezogen auf die Wärmeleitfähigkeit der Luft

– Auf dem Schulgelände lassen sich weitere Materialien finden, Holz, Stein, Beton, Styropor usw.

3 a) Bei diesem Versuch wird Luft als Wärmeisolator eingesetzt. Er gelingt umso besser, je mehr Luft in der Verpackung des zweiten Döschens eingeschlossen ist. Dabei achtet man auf eine rundum gleichmäßige Isolierung, auch nach unten. Das zweite Döschen wird nur locker verschnürt, damit keine Kältebrücken entstehen. Gute Ergebnisse erhält man schon nach 20 Minuten.

: 2 Filmdöschen, Papiertaschentücher, Klebeband oder Gummiband

b) Das Rotkehlchen isoliert seinen Körper durch zwischen den Federn eingeschlossene Luft. Solange es sich nicht bewegt, ist der Körper vor zu starken Wärmeverlusten so geschützt.

4 a) Das Gewicht des Schnees lässt sich genau ermitteln, wenn man das Gewicht des Becherglases vorher bestimmt. Das erneute Wiegen des Tauwassers ergibt keine Veränderung – das Glas ist zwar nur noch halb voll, aber nicht leichter geworden.

: Becherglas, Waage, Schnee

b) Die Ergebnisse der Versuche 3 und 4 zeigen, dass Schnee vor Kälte isoliert, weil viel Luft eingeschlossen ist. Hier können die Messergebnisse von Versuch 2 einbezogen werden. Alternativ zum Versuch 2 S. 30 könnte auch erst nach diesem Versuch die

21 ►**Überwinterung (TH, S. 42)** des Igels mit der Infothek und dem Igelspiel erarbeitet werden.

5 Die Wärmeisolierung ►**Wärmeleitung (TH, S. 43)** von Luft wird vielfältig genutzt: Kühl- und Gefrierschränke, Doppelverglasung, Gasbetonsteine, Hohlziegel, Glas- und Steinwolle, Teppichboden, Winterjacke, Thermokleidung, Wollkleidung, Daunenjacke, Oberbetten usw. Da etwa die Hälfte des Ener-

giebedarfs in Deutschland der Wärmeerzeugung dient, kann man hier einen engen Zusammenhang zum Energiesparen herstellen.

Videos:
Tiere im Winter, FWU
Vögel im Winter, FWU
Auf dem Bauernhof: Winter + Frühling, FWU

● Eisiges   TH, S. 32

1 Die Anomalie des Wassers
Ein zugefrorener See ist – was Sauerstoff, Nahrung und Wärme angeht, besonders lebensfeindlich. Das ungewöhnliche Verhalten von Wasser beim Erstarren hilft den Wassertieren, den Winter zu überstehen.
a) Schaut man sich das gefrierende Wasser an, bevor alles zu Eis geworden ist, stellt man fest, dass es von außen nach innen gefriert. Ein See friert ebenfalls immer zuerst an der Oberfläche zu, dort, wo er von der kalten Luft abgekühlt wird. Ist das Wasser vollständig gefroren, sieht man deutlich, dass das Eis im Teelichtbecher nach oben gewölbt ist. Ergänzend zu diesem Versuch kann man das Gewicht des mit Wasser gefüllten Teelichtbechers mit dem eisgefüllten vergleichen um festzustellen, dass das Gewicht nicht zugenommen hat.
b) Andere Stoffe dehnen sich beim Erstarren nicht aus. Auch Wasser zieht sich ja beim Abkühlen zunächst zusammen (►**Aggregatzustand, TH, S. 34**) und zeigt sein ungewöhnliches Verhalten nur beim Erstarren zu Eis. Die Stoffe sollten vor diesem Versuch in einem Gefäß für alle Arbeitsgruppen geschmolzen und auf eine ungefährliche Temperatur abgekühlt sein. Margarine oder Kokosfett lassen sich aber auch gut mithilfe des Dosenbrenners im Schülerversuch aufschmelzen. Alle Stoffe zeigen eine deutliche Wölbung nach unten, wenn sie wieder fest geworden sind. Auch hier kann man die selben Gewichtsvergleiche durchführen wie bei Versuch a.
Ähnliche Beobachtungen kann man auch an einer Kerze machen. Bei der brennenden Kerze bildet die Oberfläche des flüssigen Wachses etwa eine Ebene mit dem gesamten Kerzenteller. Die kalte Kerze zeigt eine Wölbung nach unten im Bereich des erstarrten Wachses.
c) Der Eiswürfel schwimmt oben, das Wachskügelchen sinkt ab. Zum besseren Verständnis kann man die Abbildungen der ►**Anomalie des Wassers (TH, S. 35)** heranziehen. Alle Bechergläser sind hier immer genau bis zur gleichen Höhe gefüllt. Bei 4° C – hier hat Wasser die größte Dichte – ist das Volumen genau 1 l. Erwärmt man von diesem Wert aus das Wasser, dehnt es sich aus, man muss also etwas Wasser entfernen, die Waage zeigt weniger an.
1 Liter Wasser von 0° C wiegt 999,8 g. Da es sich beim Erstarren ausdehnt, wird so viel aus dem Becherglas herausgenommen, dass man wieder auf genau 1 Liter

Inhalt kommt. Dabei sinkt das Gewicht auf 917,3 g. Eis ist demnach leichter als Wasser, und was leichter als Wasser ist, schwimmt oben.

2 Die abgebildete Flasche könnte in einer Frostnacht draußen gestanden haben. Das Wasser wurde zu Eis, das beim Ausdehnen die Flasche gesprengt hat. Weiteres Beispiel: geplatzte Wasserrohre

3 Die Eiswürfelschicht sollte mehrere Zentimeter dick sein. Das schmelzende Eis kühlt das Wasser auf 0° C an der Oberfläche ab. Da Wasser mit 4° C am schwersten ist, sinkt das Wasser dieser Temperatur ab und sammelt sich am Boden der Thermoskanne, man spricht von ►**Anomalie des Wassers (TH, S. 35)**. Bei einer sich „normal" verhaltenden Flüssigkeit würde sich am Boden eine Temperatur um den Gefrierpunkt messen und schon erstarrtes Material finden lassen.
Tipp: Für diesen Versuch sollte man eine Thermoskanne benutzen, da sonst die Umgebungstemperatur die Messergebnisse unbrauchbar macht.

Thermoskanne, Eiswürfel, 2 Thermometer mit Messfühler

4 Schmelzenergie
Der Eisbrei im Teelichtbecher hat eine Temperatur von 0° C. Das Teelicht unter dem Dosenbrenner (ca. 5 cm hoch) entwickelt gerade so viel Wärme, dass das Eis langsam schmilzt. Während des Schmelzvorgangs bleibt die Temperatur konstant bei 0° C, erst wenn das letzte Eis geschmolzen ist, erhält man steigende Werte. Dabei ist zu beachten, dass vor jedem Messvorgang umgerührt wird und das Thermometer beim Ablesen den Boden nicht berührt.

Dosenbrenner, Teelichtbecher, Eis, Thermometer

Tipp: Mit der Energie, die man zum Schmelzen von 1 g Eis benötigt, könnte man 1 g kaltes Wasser um 80° C erwärmen! Weil so viel Energie nötig ist, reicht ein wärmerer Sonnentag im Winter nicht aus, um eine dicke Eis- oder Schneedecke aufzutauen.

5 Warum taucht der Fisch ab?

Alle Ergebnisse der Versuche 1–3 werden für die Beantwortung dieser Frage herangezogen: Eis bildet sich an der Oberfläche, es schwimmt oben, am Boden des Sees ist es nicht kälter als 4° C. Die Erde gefriert auch in einem sehr kalten Winter bei uns nicht tiefer als 1 m. In 8 m Tiefe beträgt der Unterschied zwischen Sommer und Winter nur noch 1° C. Ein ausreichend tiefer See wird daher am Boden von der umgebenden Erde gewärmt.

Die Abbildung der Infothek ▶Überwintern (TH, S. 42/43) zeigt die unterschiedlichen Temperaturverhältnisse eines Sees im Sommer und im Winter.

Tiere, die im Wasser überwintern, gehen in Winterstarre oder verlangsamen alle Körperprozesse auf ein überlebensnotwendiges Minimum.

6 Rutschen erwünscht!

Hier bietet sich an, die ersten Beobachtungen beim Eislaufen zu machen, auf einer zugefrorenen Fläche oder in der Eishalle. In einer frischen Schlittschuhspur ist Feuchtigkeit zu erkennen, aber auch stark zerfahrene Eisflächen in der Eishalle sind nasser als die frisch aufbereiteten Flächen. Durch den hohen Druck schmilzt das Eis unter den ▶Kufen (TH, S. 38) und es entsteht eine Wasserrinne, auf der der Schlittschuh gleitet. In der Infothek erhält man weitere Hinweise dazu, wie die besondere Form der Kufen diesen Vorgang verstärkt. Ähnliche Beobachtungen kann man aber auch beim Schlittenfahren machen – auch hier ist der verdichtete Schnee unter den Kufen nasser.

Der Versuch demonstriert, wie gut Eis auf einer Wasserschicht rutschen kann und leitet über zu einer für manchen unangenehmen Begleiterscheinung von Eis und Schnee, dem Glatteis.

Eiswürfel, Papiertücher

7 Rutschen unerwünscht!

Die Schülerinnen und Schüler probieren verschiedene Materialien aus, über die sie die Eiswürfel rutschen lassen, z. B. Sand, Salz, Asche. Denkbar wäre auch, verschiedene Bodenbeläge in der Schule und auf dem Schulgelände mit den Eiswürfeln zu testen.

mehrere Schalen mit Eiswürfeln, Sand, Salz, Asche, Streumaterial

8 Versalzener Winter – muss das sein?

a) Um Salz und Sand als Streumittel vergleichen zu können, sollten zwei Testbahnen nebeneinander gelegt und die Strecke gemessen werden, die die Eiswürfel rutschen. Im Verlauf des Versuchs wird sich das Salz auflösen und den Eiswürfeln eine besonders gute Rutschfläche bieten.

Eiswürfel, Sand, Salz

b) Vor der Durchführung des Versuchs lässt man die Temperatur schätzen, die das tauende Eis haben wird. Aus Versuch 4 ergibt sich die Vermutung, sie könnte 0° C betragen, da „Auftauen" aber häufig mit Erwärmen gleichgesetzt wird, vermuten viele Schülerinnen und Schüler eine höhere Temperatur. Tatsächlich misst man mehrere Grad unter Null, je nach Salzmenge. Streut man dagegen Sand über das Eis, bleibt die Temperatur bei 0° C.

Auf Straßen, die mit Salz gestreut werden, schmilzt das Eis, die Salzlösung fließt ab. Das belastet die Vegetation am Straßenrand und die Kläranlagen. Bei erneuter Eisbildung muss dann wieder neu gestreut werden. Sand, Asche oder ähnliche Streumittel bleiben dagegen länger liegen.

c) Da das Wasser im Reagenzglas mit dem Salz nicht in Kontakt kommt, gefriert es bei 0° C zu Eis.

Becherglas, Eiswürfel, Salz, Reagenzglas, Sand, Thermometer

Tipp: Eis am Stiel: Füllt man in das Reagenzglas etwas Saft und steckt einen Schaschlikspieß hinein, kann man mit der gleichen Versuchsanordnung ein Eis am Stiel herstellen.

9 Schädlichkeit von Streusalz

Versuch 8 zeigt, dass das Tauwasser, das sich durch Streusalz bildet, sehr viel kälter als 0° C ist. Das führt zu den Erfrierungen an den Hundepfoten. Außerdem lässt das Salzwasser die Sohlen der Pfoten aufquellen und macht sie empfindlicher für Verletzungen, die durch das Salz sehr schmerzhaft sind.

Über die Folgen von ▶Streusalz (TH, S. 42) im Boden für die Pflanzen informiert die Infothek.

Literatur

Cosgrove, B.: Das Wetter: verstehen, was täglich am Himmel geschieht.
Beobachten, Deuten, Vorhersagen
Reihe: Sehen, Staunen, Wissen
Gerstenberg Verlag, Hildesheim 1999
ISBN 3-8067-4426-2, 64 Seiten, Preis ca. 24,90 DM
Rund um das Wetter werden die folgenden Abschnitte mit vielen Fotos vorgestellt: u. a. Bauernregeln, Geschichte der Meteorologie, Wettervorhersage, Wetterbeobachtung, Im Bann der Sonne, Ein sonniger Tag, Eis und Frost, Wasser in der Luft, Entstehung einer Wolke, Bedeckter Himmel, Kleine Wolkenkunde, Regen, Fronten und Tiefdruckgebiete, Blitz und Donner, Monsun, Es schneit, Wind, Tropische Wirbelstürme, Tornados, Nebel, Wechselhaftes Wetter, Bergwetter, Weite Ebenen, Wetter vom Meer, Farben des Himmels, Wetter im Wandel, Der eigene Wetterbericht

Jung, R./Böck, A./Kimm, T./Meinhold, A.: Überleben in Eiseskälte, 140 Seiten, DIN A4, Preis ca. 15,– DM.
Fächerverbindende und fächerübergreifende Handreichung. Viele Kopier- und Arbeitsblattvorlagen, Hintergrundinformationen und Wissenswertes zu den Bereichen: Wärmeisoliertechniken und Kälteschutz von Tieren und Pflanzen, arktische Nahrungsbeziehungen und Überlebenstechniken, Klimazone Arktis, Geografie der Arktis, Forscher und Abenteurer entdecken den Nordpol, die Auseinandersetzung zwischen Ökonomie und Ökologie in der Arktis. Direktbezug ausschließlich über: Forum Eltern und Schule, Huckarderstr. 12, 44147 Dortmund, Tel. 0231/14 80 11, Fax 0231/ 14 79 42

Crummenerl, R.: Das Wetter. Was ist was? Band 7
Tessloff Verlag, Nürnberg 1999
ISBN 3-7886-0247-3, 48 Seiten, Preis ca. 16,80 DM
Einer der Klassiker der Kindersachbücher zu diesem Thema in überarbeiteter Form mit den Themen: In der Wetterküche der Erde/ Wenn der Wind weht/ Wasser in der Luft/ Besondere Wettererscheinungen/ Wetterentwicklung und Klima/ Wetter und Klimavoraussagen

Engelsiepen, Th./ Kirchhoff, R.: Winter – find' ich cool
105 Seiten, DIN A4 Preis ca. 10,– DM
Fächerverbindende und fächerübergreifende Handreichung. Viele Kopier- und Arbeitsblattvorlagen, Hintergrundinformationen und Wissenswertes zu den Bereichen:
Unsere Umgebung verändert sich: Tageslänge und Sonnenstand/ Wetterbeobachtungen und Wetterprotokoll/ Blattfärbung und Laubfall/ Eisbildung und Schnee/ Überlebensstrategien im Winter: Wie Pflanzen überwintern/ Tiere im Winter – Tiere in Not?/ Überleben im Winter/ Menschen im Winter
Zusatzinformationen: Fantasiereise in den Winter/ Meine Schneeflocke/ Filme im Unterricht – Unterricht mit Filmen/ Standvögel. Direktbezug ausschließlich über: Forum Eltern und Schule, Huckarderstr. 12, 44147 Dortmund, Tel. 0231/ 14 80 11, Fax 0231/ 14 79 42

Farndon, J.: Wetter
Bertelsmann Verlag, Gütersloh 1999
ISBN 3-570-20571-1, 64 Seiten, Preis ca. 10,– DM
Naturführer für Kinder

Kirchhoff, R.: Naturwissenschaft – von Anfang an
83 Seiten, DIN A4, Preis ca. 10,– DM
Eine Einführung in die Naturwissenschaften und ihre Methoden; Handreichung; DIN A4; Viele Kopier- und Arbeitsblattvorlagen zu den Bereichen: Natur schafft Wissen/ Beobachten und Darstellen/ Messen/ Klassifizieren/ Experimentieren/ Freiarbeitsmaterial/ Material und Folienvorlagen

Stäudel, L./Kremer, A.: Wetter und Klima
Projekt Naturwissenschaften (Schülerheft)
Ernst Klett Schulbuchverlag, Stuttgart 1996
ISBN 3-12-077562-2, 32 Seiten, Preis ca. 12,50 DM
Auf jeweils einer Doppelseite werden mögliche thematische Beispiele für einen projektorientierten und fächerübergreifenden Unterricht kurz vorgestellt: Bauerenregeln/ Wetter und Gesundheit/ Wetterbeobachtung/ Wettervorhersage/ Gefahr für Wetter und Klima: Der Treibhauseffekt/ Dicke Luft/ Wetter bei uns und woanders/ Anpassungen ans Klima/ Stadtklima/ Einfache Geräte zur Wetterbeobachtung selbstgebaut/ Projektbeispiele/ Lexikon.

Stäudel, L./ Kremer, A.: Wetter und Klima
Projekt Naturwissenschaften (Lehrerkommentar)
Ernst Klett Schulbuchverlag, Stuttgart 1996
ISBN 3-12-077572-X, 32 Seiten, 10,50 DM
Hintergrundinformationen zum Schülerband (Anmerkungen zu den Teilprojekten/ Außerschulische Lernorte/ Experimente/ Weiterführende Sachinformationen/ Literaturhinweise)

Das Projektbuch. Umwelt: Physik
Ernst Klett Schulbuchverlag, Stuttgart 1997
ISBN 3-12-077630-0, 144 Seiten, Preis ca. 28,– DM
12 Projektvorschläge als Beispiele für einen fächerübergreifenden Unterrichtsansatz: Wetter und Klima/ Lärm/ Sonnenenergie/ Fahrrad/ Fotoapparat/ Funkuhr/ Maschinen/ Schwimmen und Tauchen/ Fliegen/ Kommunikation/ Messen, Steuern, Regeln/ Ökologie-Ökonomie

Das Projektbuch. Umwelt: Physik
Lehrerkommentar
Ernst Klett Schulbuchverlag, Stuttgart 1998
ISBN 3-12-077649-1, Preis ca. 19,– DM
Hintergrundinformationen zum Schülerband

Walch, D.: Wolken Wetter
Wetterentwicklungen erkennen und vorhersagen
Gräfe und Unzer Verlag, München 1998
ISBN 3-7742-4186-4, 144 Seiten, Preis ca. 14,95 DM
170 farbige Fotos; mit Anleitung für die eigene regionale Wetterprognose; preiswertes Nachschlagewerk für die Schülerbücherei

Jennings, T.: Luft und Wetter
Versuchen & Verstehen
Verlag an der Ruhr, Mülheim 1992

ISBN 3-86072-014-7, 52 Seiten, Preis ca. 28,– DM
Handreichung DIN A4 mit vielen Kopiervorlagen

König, Ch.: Das große Buch vom Wetter
Wolken, Luftdruck, Jahreszeiten
Ludwig Buchverlag, München 1999
ISBN 3-7787-3743-0, 192 Seiten, Preis ca. 36,– DM

Barth, H.: Weltraumtechnik für die Umwelt
Bechte Verlag, Esslingen 1997
ISBN 3-7628-0545-8, 360 Seiten, Preis ca.
39,90 DM
Umweltsatelliten, Weltraumenergien , Katastrophen-
schutz, Klima, Wetter, Marsökologie, künstliche Son-
nen, soziale Umwelt

Ahlheim, K.-H.: Wetter und Klima
Wie funktioniert das?
Meyers Lexikon Verlag, Mannheim 1989
ISBN 3-411-02382-1, 304 Seiten, Preis ca.
29,80 DM
Auf jeweils einer Doppelseite wird der Leser mit ei-
ner Seite Text und einer Grafik oder Fotos informiert.
Alle wichtigen Sachfragen der Meteorologie werden
vorgestellt und systematisch geordnet. Ein umfang-
reiches Register erleichtert das Nachschlagen. Aus-
gezeichnetes Nachschlagewerk für Unterricht und
Vorbereitung. Gehört in jede Schulbibliothek.

Farrand, J.: Wetter
vgs. Köln 1991, ISBN 3-8025-1257-X, 238 Seiten,
Preis ca. 29,80 DM
Eine sehr gut gelungene Fotodokumentation zu
einem erstaunlichen Preis. Gehört in die Schülerbücherei.

Tornados
Maier Verlag, Ravensburg 2000
ISBN 3-473-35905-X, 9,80 DM
Poster, Magazin, Dokumente und 50 Fragen und
Antworten über Unwetter

Farndon, J.: Spannendes Wissen über die Erde
Christian Verlag, München 1999
ISBN 3-88472-403-7, 192 Seiten, Preis ca. 19,80 DM
Mehr als 100 ungefährliche Experimente aus den
Bereichen der Geowissenschaften, mit Fotos doku-
mentiert, u. a. zu den Kapiteln: Die Atmosphäre/
Das Meer/ Landschaft im Wandel/ Gesteine und Bo-
den/ Gewaltige Kräfte/ Der Aufbau der Erde/ Planet
Erde.

Wind, Wolken und Wetter.
Entdecke Deine Welt.
Bertelsmann Lexikon Verlag, Gütersloh 1996
ISBN 3-577-10638-7, 64 Seiten, Preis ca. 29,90 DM
260 Fotos, Grafiken und Zeichnungen mit informa-
tiven Texten und Bilderklärungen die sich übersichtlich gegliedert mit folgenden Inhalten beschäftigen:
Einführung (Wetter? Was ist das??/ Die Wetterma-
schine); Das tägliche Wetter (Winde/ Wilde Stürme/
Wärme und Feuchtigkeit/ Wolken wachsen/ Wolken-
formen/ Blitz und Donner/ Regen, Hagel und
Schnee/ Nebel, Reif und Eis/ Merkwürdige Erschei-
nungen); Wettervorhersage (Wetterregeln/ Wetter-
götter/ Eine alte Kunst/ Daten sammeln/ Wettersta-
tion/ Wie wird das Wetter?); Klima (Strömungen/
Klimagebiete/ Polargebiete/ Gebirge/ Gemäßigte

Zonen/ In den Tropen/ Die Wüste); Klimaveränderung (Eiszeiten/ Treibhauseffekt); Wetterrekorde.

Roth, Günter D.: Wetterkunde für alle BLV
Verlag, München 1999, ISBN 3-405-15460-X,
302 Seiten, Preis ca. 24,90 DM
Wolkenbilder und andere Wetterphänomene, Groß-
wetterlagen, Wettervorhersage; umfangreiches
Nachschlagewerk in Taschenbuchformat mit vielen
Fotos und Grafiken

Wolken, Wind und Wetter
Mosaik Verlag, München 1999
ISBN 3-576-11366-5, 262 Seiten,
Preis ca. 29,90 DM
Mit Klimaphänomenen, Wolkensteckbriefen und
illustriertem Wetterlexikon; mehr als 500 Fotos;
Anschaulich und übersichtlich gestaltetes Nach-
schlagewerk mit festem Einband und den Kapiteln:
Das Wesen des Wetters, Die Grundgesetze des
Wetters, Wetterbeobachtung im Laufe der Zeiten,
Das Wetter von morgen, Klima im Wandel, Der
Mensch und das Wetter, Anpassung an das Klima,
illustriertes Wetterlexikon

Das Wetter.
Für Segler und Motorbootfahrer.
Edition Maritim 1999
ISBN 3-89225-388-9, 24 Seiten, Preis ca. 5,– DM
30 farbige Fotos und Abbildungen

Allaby, M.: Klima und Wetter.
Ein Buch für die ganze Familie.
Beobachten, Experimentieren, Entdecken.
Christian Verlag, München 1996
ISBN 3-88472-289-1, 192 Seiten,
Preis ca. 49,80 DM
Im Heimlabor oder in der Schule kann man mit ein-
fachen Haushaltsmaterialien mehr als 100 ungefähr-
liche Experimente durchführen. In den Kapiteln: Die
Wissenschaft vom Wetter/ Wetterelemente/ Die Wet-
termaschine/ Wolkenatlas/ Klima/ Wettervorhersage,
geht es um die kleinen und großen Fragen rund um
Klima und Wetter. Die Experimente sind mit vielen
farbigen Fotos dargestellt und lassen sich dadurch
sehr gut nacharbeiten. Das gilt auch für die Fotos zu
den vielen kleinen und großen Erklärungen. Das
Buch sollte in keiner Klassen- und Schülerbibliothek
fehlen.

Hell, K./ Kirch, P.: Unternehmen Wetterfrosch
Unterrichtsbausteine Oktopus
Klett-Perthes Verlag, Stuttgart 1998
ISBN 3-12-287829-3, 20 Seiten, Preis ca. 9,80 DM
Arbeitsblätter und Kopiervorlagen (Klasse 4–7) zu
den Arbeitsbereichen: Wie wird das Wetter?/ Die Ge-
räte der Messstation/ Der Temperatur auf der Spur/
Wenn der Fluss dampft/ So eine Wolke/ Regen &
Co./ Laue Lüftchen – starke Stürme/ Azorenhoch &
Islandtief/ Wetterkarten – Die Zeichen des Wetters/
Ein Sturmtief mitten im Hochsommer/ Wetterbe-
obachtungsbogen/ Winde und Wetterlagen

Knoll, C.: Wetter.
Versuchs doch mal!
Klett Verlag, Stuttgart 1999
ISBN 3-12-258704-1, 32 Seiten, Preis ca. 8,20 DM

Rund um Wind und Wetter; fast auf jeder Seite ein neues Experiment; Fächerübergreifender Unterrichtsbaustein mit dem Schwerpunkt Geographie und Physik für die Kl. 4–7; auch geeignet für projektorientierten Unterricht und den Freiarbeitsbereich

Cosgrove, B.: Das Wetter.
Wolken, Winde und Prognosen.
Delius Klasing Verlag, Bielefeld 1999
ISBN 3-7688-1139-5, 160 Seiten, Preis ca. 59,80 DM
240 Fotos, 80 Abbildungen, 9 Karten.

Wickert, U.: Das Wetter
Heyne Verlag 1998
ISBN 3-453-09288-0, 128 Seiten, Preis ca. 12,90 DM

Crummenerl, R.: Luft und Wasser.
Was ist was? Band 48
Tessloff Verlag, Nürnberg 1996
ISBN 3-7886-2880-4, 48 Seiten, Preis ca. 14,80 DM
In einfacher und anschaulicher Form werden die so einfachen und alltäglichen Stoffe „Luft" und „Wasser" aus naturwissenschaftlicher Sicht in den Kapiteln „Ein Blick in die Geschichte/ Die wichtigsten Eigenschaften von Luft und Wasser/ Luft und Wasser in der Natur/ Luft und Wasser im täglichen Leben/ Wie die Kraft des Wassers und der Luft genutzt wird" vorgestellt.

Beanmont, E.: Wissen mit Pfiff – Das Wetter
Fleurus Verlag, Saarbrücken 1999
ISBN 3-89717-088-4, 32 Seiten, Preis ca. 12,80 DM

Wesp, Ul: Der KOSMOS Wetterführer
Franckh-Kosmos Verlag, Stuttgart 2000
ISBN 3-440-08064-11, 64 Seiten, Preis ca. 16,90 DM
Kleines Nachschlagewerk rund um die Jahreszeiten, mit Wetterscheibe

Binder, E.: Bauern und Wetterregeln
Ulmer Verlag, Stuttgart 2000
ISBN 3-8001-6900-2, 192 Seiten, Preis ca. 19,80 DM
Wetterbeobachtung früher und heute; Bauern- und Wetterregeln durch das Jahr

Bayer, C.: Der 100-jährige Kalender.
Jahrbuch 2000.
Falken Verlag, Niedernhausen 1999
ISBN 3-635-60502-6, 120 Seiten, Preis ca. 12,90 DM
Mehr über das Natur-Wissen unserer Vorfahren, ihre Tipps und Hinweise

Körber, H.-G.: Vom Wetteraberglauben zur Wetterforschung
Edition Leipzig 1989
ISBN 3-361-00040-8, 231 Seiten, Preis ca. 89,– DM
Wettergötter und Wetterprophetie in frühen Kulturen/ Wetterzeichen und Wetterweisheit/ Wetter und Kalender, Wetterchroniken/ Meteorologische Messinstrumente, erste meteorologische Beobachtungsnetze/ Beginn der Erforschung der freien Atmosphäre/ Anfänge der Wetter- und Klimaforschung/ Klima und Mensch/ Ausblick: Meteorologie heute. So lauten die Kapitel des Buches. Sie bieten einen umfassenden Rückblick in die Geschichte und Kulturgeschichte der Meteorologie und die Entwicklung eines neuen Zweiges der Naturwissenschaften.

Au, F.: Wetterkalender nach bäuerlicher Tradition
Ludwig Buchverlag, München 1998
ISBN 3-7787-3664-7, 160 Seiten, Preis ca. 19,90 DM
Wetter und Bauernregeln. Natürliches Wissen um den Rhythmus der Natur. Das Wetter nach dem 100-jährigen Kalender

Adam, B.: Bauernregeln für jeden Tag
Seehamer Verlag, Weyarn 1999
ISBN 3-932131-92-4, 232 Seiten, Preis ca. 10,– DM
Von Hartung bis Christmonat – Tipps zu Wetter, Gesundheit, Schönheit, Garten und Haushalt, Tradition und Brauchtum

Bünstorf, J.: Globaler Klimawandel.
Terra Thema.
Klett-Perthes Verlag, Stuttgart 1998
ISBN 3-12-450371-6, 32 Seiten, Preis ca. 14,20 DM
Zusätzliche Informationen für die höheren Jahrgänge und zum Weiterlesen.

Verdet, Jean P.: Wind und Wetter
Ravensburger Buchverlag 1999
ISBN 3-473-35729-4, 40 Seiten, Preis ca. 5,– DM

Wiedersich, B.: Das Wetter
dtv 1996
ISBN 3-423-30552-5, 208 Seiten, Preis ca. 24,90 DM

Trenkle, H.: Klima und Krankheit
Wissenschaftliche Buchgesellschaft, Darmstadt 1992
ISBN 3-534-11625-9, 166 Seiten, Preis ca. 54,– DM

Meijer, Peter J.: Wetter
Parkland/ VSB 1997
ISBN 3-88059-886-X, 80 Seiten, Preis ca. 9,95 DM
Über 100 farbige Abbildungen

Pfeiffer, K./ Schulz, A.: Das Wetter
Stolz Verlag 1998
ISBN 3-89778-042-9, 16 Seiten, Preis ca. 13,90 DM
Lehrreiche Kurztexte mit Anweisungen zum Schreiben und Malen

Rother-Dey, Hans J.: Das Wetter
Cornelsen/ CVK 1997
ISBN 3-464-06472-7, 24 Seiten, Preis ca. 7,50 DM

Turrian, F.: Zugvögel
Schroedel Verlag, Hannover
ISBN 3-507-76402-4, 40 Seiten, Preis ca. 14,50 DM

Zugvögel
Dansien Verlag, Hanau 1988
ISBN 3-7684-2895-8, 224 Seiten, Preis ca. 6,80 DM

Experimentierkasten

Kachelmanns Wetterstation
ab 12 Jahren
KOSMOS Verlag, Stuttgart 1999
Artikel Nr. 62 31 11
Preis ca. 198,– DM
Mehr als 50 verschiedene Experimente ermöglichen einen leichten Einstieg in die Welt der Meteorologie. Mit illustriertem Experimentierbuch. Zum mitgelieferten Material gehören u. a.: Thermometer, Regen-

messer, Wetterhaus, Wetterkontrollbögen, Windmesser mit elektronischer Anzeige.

Video

Das Wetter
  Komplett-Media Verlag, Grünwald 1992
  ISBN 3-861148-841-8, 60 min, Preis ca. 79,90 DM
  Die unsichtbare Hülle der Atmosphäre (ihr stolzes Eigengewicht: 5000 Billionen Tonnen) ist der bewegte Schauplatz aller Wettervorgänge. 50.000 mal täglich zucken Blitze rund um den Globus. Gigantische Wolkenformationen bauen sich auf. Wie entstehen Tief- und Hochdrucksysteme? Die globalen Windsysteme mit Hurricans und Taifunen. Wie können wir heute das Wetter vorhersagen? Der Einfluss des Wetters auf den Menschen: Föhn, Smog, Inversionswetterlagen.
Wetter
  Klett-Perthes/ FWU, Stuttgart
  ISBN 3-623-42821-3, 22 min, Preis ca. 149,– DM
  Arbeitsvideo zu den folgenden Stichworten: Wetter-Klima-Jahreszeiten (2 min), Atmosphäre (2 min), Verdunstung-Wolken-Niederschläge (3 min), Luftdruck-Wind (4 min), Zyklone (3 min), Großwetterlagen in Europa (4 min), Föhn (1,5 min)

CD-ROM

Zukunft im Treibhaus?
  Ursachen und Folgen der Klimaveränderung
  Klett-Perthes, Stuttgart 1997
  ISBN 3-12-466000-5, Preis ca. 69,– DM
  Interaktive CD-ROM. Bietet Grundlagenwissen zur Entstehung und Wirkung des Treibhauseffektes und was dagegen getan werden kann. Die Informationen des Lexikons können ausgedruckt werden.
Das Wetter
  ISBN 3-931293-58-0, Preis ca. 69,90 DM
  Bei dem Multimedia-Programm handelt es sich um einen themenbezogenen Datenbestand, der fundierte Informationen über das Phänomen Wetter auf unserer Erde bietet: Warum es so ist, wie es ist; was Menschen mit dem Wetter zu tun haben und ob und wie genau man das Wetter tatsächlich voraussagen oder sogar beeinflussen kann.
  In 3-D-Satelliten-Filmen, Bildern, Grafiken, Karten und Texten werden Fakten und Phänomene, teilweise vertont, elementar erklärt. Darüber hinaus verfügt das Programm über die Möglichkeit, eigene Wetterdaten in eine Wetterkiste kontinuierlich einzugeben und als Tabelle oder Grafik ausgeben zu lassen. Testfragen im Bereich Wetterbeobachtung und -messung sind ebenso wie spielerische Elemente, z. B. der Flug mit einem Heißluftballon, zur Auflockerung enthalten. Querverweise, die den Datenbestand vernetzen, gibt es nicht. Eine Verbindung zum Internet ist nicht vorgesehen.

Phänomen Wetter
  Topos Verlag, Kaarst 1998
  ISBN 3-89788-131-4, Preis ca. 29,95 DM
  Eine multimediale Entdeckungsreise durch unser Klima und Wetter
Das Wetter
  Systhema Classics 1999
  ISBN 3-634-26018-1, Preis ca. 29,90 DM

Materialien

  Elektronische Wetterstation – Art. Nr. 854015 –
  Preis ca. 259,– DM
  Windmesser wind-matic – Art. Nr. 854013 –
  Preis ca. 69,– DM
  Wetterstation – Art. Nr. 852431 – Preis ca. 99,– DM
  Regenmesser – Art. Nr. 852430 – Preis ca. 14,95 DM
  Katalog kostenlos bei:
  KOSMOS Service
  Postfach 777 325
  30821 Garbsen
  Tel. 05137/882-004

Internet:

  (Hinweis: Internetadressen ändern sich ständig. Es kann nicht in jedem Fall gewährleistet werden, dass Links noch existieren.)
  http://www.dwd.de/
  Homepage des Deutschen Wetterdiensts. Viele Infos, Satellitenbilder, Beobachtungstipps, Junior Wetterclub unter
  http://www.dwd.de/forecasts/club.htm bietet Satellitenbilder, Wetterkarten und Wetterberichte in verständlicher Form.
  http://www.donnerwetter./de
  empfehlenswerte Seite, Archiv für Wetterkarten und Satellitenaufnahmen, UV-Rechner
  http://www.wetternews.de/ und
  http://www.wetter.de/
  übersichtlich, wenig Hintergrundinformationen
  http://www.wetteronline.de/
  internationale Vorhersagen, auch für Urlaubsinformationen zu Schneehöhen und Wassertemperaturen
  http://www.cnn.com/WEATHER/
  sehr umfangreiche Wettervorhersage des amerikanischen Senders CNN.

Notizen

Wie entstehen Wolken?

Beschreibe den Weg des Wassers bis zur Bildung der Wolken. Schneide die Textkärtchen aus, und klebe sie an die richtige Stelle.

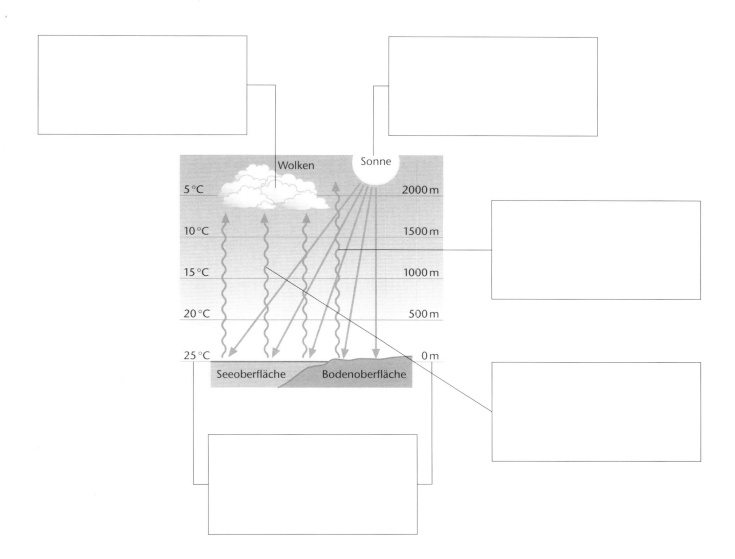

In 2000 m Höhe kondensiert der Wasserdampf der aufsteigenden Luft. Es bilden sich Wolken.

Über den Bodenflächen steigt erwärmte, trockene Luft schnell nach oben. Es bilden sich keine Wolken.

Die aufsteigende Luft kühlt sich pro 100 m um ca. 1 °C ab. Kalte Luft kann nicht soviel Feuchtigkeit speichern wie warme Luft.

Die Sonnenstrahlen erwärmen die Erdoberfläche.

Über Wasserflächen steigt feuchte Luft auf.

Name: _____   Klasse: _____   Datum: _____

Niederschlagsmessung für den Monat: _____

Trage in die Tabelle die gemessenen Tageswerte ein.
1 mm Höhe im Messgerät entspricht 1 l Niederschlag pro Quadratmeter!

Datum	Niederschlag in mm	Niederschlag in $1/m^2$
1.		
2.		
3.		
4.		
5.		
6.		
7.		
8.		
9.		
10.		
11.		
12.		
13.		
14.		
15.		
16.		
17.		
18.		
19.		
20.		
21.		
22.		
23.		
24.		
25.		
26.		
27.		
28.		
29.		
30.		
31.		
Gesamtnieder-schlagsmenge		

Arbeitsblätter Wetter und Jahresrhythmik
© Als Kopiervorlage freigegeben. Ernst Klett Verlag GmbH, Stuttgart 2000

Klett
ISBN 3-12-036426-6

Untersuchungen an Frühblühern

Trage in das Untersuchungsblatt die Daten der gefundenen Frühblüher ein.

Name: _____

Wissenschaftlicher Name:

_____

_____

Größe in cm: _____

Blütenfarbe: _____

Blattform: _____

Standort: _____

_____

Zwiebel ❐
Spross- o. Wurzelknolle ❐
Erdspross o. Rhizom ❐

Name: _____

Wissenschaftlicher Name:

_____

_____

Größe in cm: _____

Blütenfarbe: _____

Blattform: _____

Standort: _____

_____

Zwiebel ❐
Spross- o. Wurzelknolle ❐
Erdspross o. Rhizom ❐

Name: _____

Wissenschaftlicher Name:

_____

_____

Größe in cm: _____

Blütenfarbe: _____

Blattform: _____

Standort: _____

_____

Zwiebel ❐
Spross- o. Wurzelknolle ❐
Erdspross o. Rhizom ❐

Name: _____

Wissenschaftlicher Name:

_____

_____

Größe in cm: _____

Blütenfarbe: _____

Blattform: _____

Standort: _____

_____

Zwiebel ❐
Spross- o. Wurzelknolle ❐
Erdspross o. Rhizom ❐

Name: _____

Wissenschaftlicher Name:

_____

_____

Größe in cm: _____

Blütenfarbe: _____

Blattform: _____

Standort: _____

_____

Zwiebel ❐
Spross- o. Wurzelknolle ❐
Erdspross o. Rhizom ❐

Herbarium

Pflanzenname: **Wissenschaftlicher Name:**

_____   _____

Pflanzenfamilie: **Fundort:**

_____   _____

Jahreszeit:

_____

Zeichnung eines Frühblühers

Male das Bild des Buschwindröschens aus und beschrifte die einzelnen Pflanzenteile.

Name: _____ Klasse: _____ Datum: _____

Wachstum der Hyazinthe

Zeichne ein Diagramm. Trage dazu die Messwerte für Spross (grün) und Wurzeln (rot) ein.
Verbinde die Messpunkte miteinander.

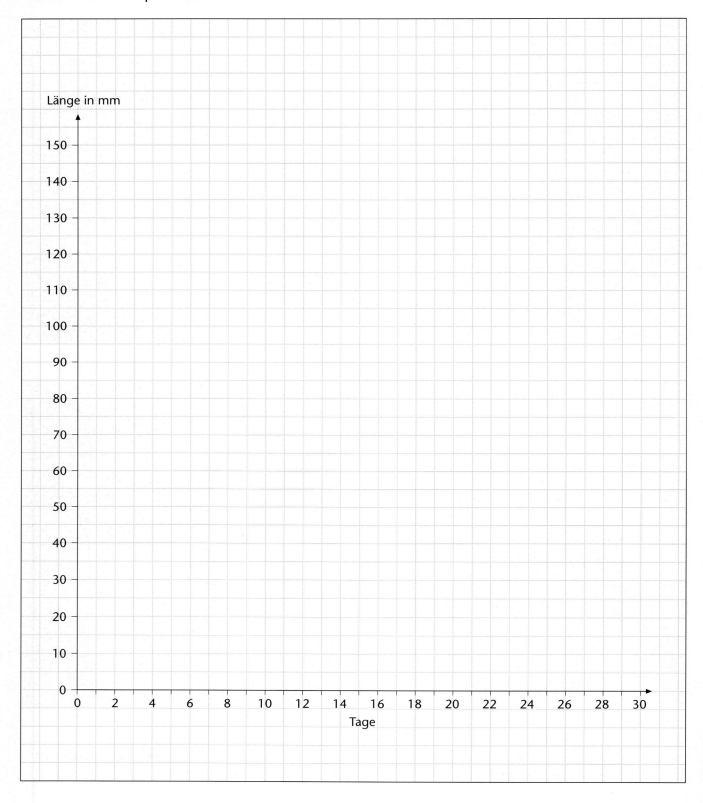

Arbeitsblätter Wetter und Jahresrhythmik
© Als Kopiervorlage freigegeben. Ernst Klett Verlag GmbH, Stuttgart 2000

Klett
ISBN 3-12-036426-6

Name: _____   Klasse: _____   Datum: _____

Krötenwanderung

Vier typische Amphibienarten, die im Frühjahr von ihrem Lebensraum in die Laichgewässer wandern.

Erdkröte

Grasfrosch

Bergmolch

Feuersalamander

Informiere dich über eine Amphibienart genauer. Schreibe einen Bericht (mit Titelseite, Inhaltsverzeichnis, Bildern und Quellennachweis) über das Leben dieser Amphibien.

Vogelzug

Vier typische Vogelarten, die im Frühjahr zu verschiedenen Zeitpunkten aus ihrem Winterquartier in Afrika zu uns zurückkehren.

Weißstorch

Kuckuck

Bachstelze

Rauchschwalbe

Informiere dich über eine Zugvogelart genauer. Schreibe einen Bericht (mit Titelseite, Inhaltsverzeichnis, Bildern und Quellennachweis) über das Leben dieser Vögel.

Wanderzug und Aufenthaltsdauer einiger Zugvogelarten

Zeichne die Zugwege und die Aufenthaltsdauer von vier Zugvogelarten mit Buntstift ein.

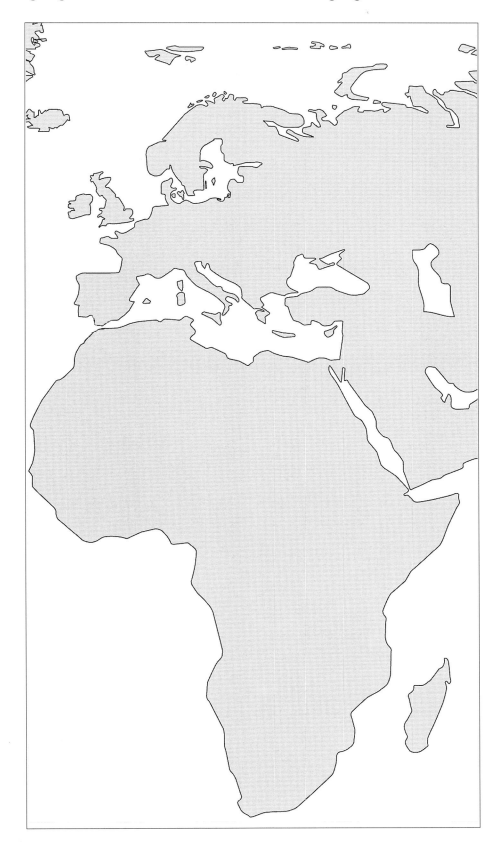

Tagesverlauf

Bastle ein Daumenkino.
Male die Bilder mit Buntstift an. Schneide sie dann aus und klebe oder hefte sie an der linken Seite zusammen.

Arbeitsblätter Wetter und Jahresrhythmik
© Als Kopiervorlage freigegeben. Ernst Klett Verlag GmbH, Stuttgart 2000

Klett
ISBN 3-12-036426-6

Jahresverlauf

Bastle ein Daumenkino.
Male die Bilder mit Buntstift an. Schneide sie dann aus und klebe oder hefte sie an der linken Seite zusammen.

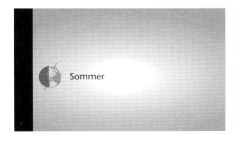  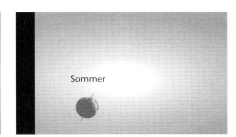

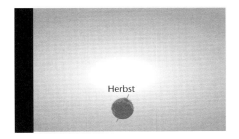  

 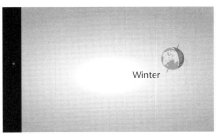 

Arbeitsblätter Wetter und Jahresrhythmik
© Als Kopiervorlage freigegeben. Ernst Klett Verlag GmbH, Stuttgart 2000

Klett
ISBN 3-12-036426-6

Name: _____   Klasse: _____   Datum: _____

Wetterprotokoll Datum: _____

Bewölkung	Windrichtung	Luftfeuchtigkeit	Luftdruck	Wassertemperatur	Lufttemperatur	Uhrzeit

Name: _____   Klasse: _____   Datum: _____

Diagramme zeichnen

Wetterprotokoll vom 22. Juli

Uhrzeit	7.00	8.00	9.00	10.00	11.00	12.00	13.00	14.00	15.00	16.00	17.00
Lufttemperatur in °C	14	16	17	20	24	28	32	30	29	28	25

1. Zeichne ein Diagramm zu diesem Wetterprotokoll.

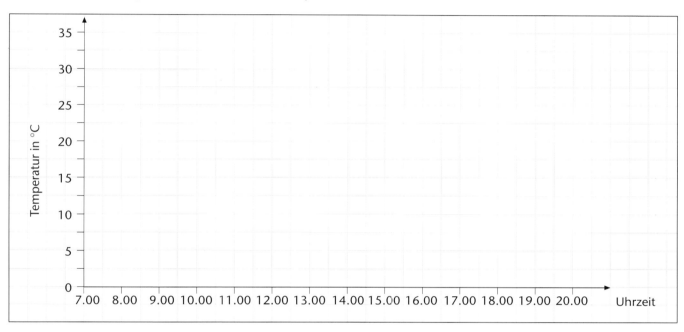

2. Zu welcher Zeit war die Temperatur am höchsten? _____

am niedrigsten? _____

Welche Temperatur war um 12.00 Uhr? _____

um 9.00 Uhr? _____

Um wie viel Uhr betrug die Temperatur 20 °C? _____

3.

Uhrzeit	7.00	8.00	9.00	10.00	11.00	12.00	13.00	14.00	15.00	16.00	17.00
Wassertemperatur in °C	18	18	18	18,5	19	20	21	21,5	21	21	20

Trage die Werte der Wassertemperatur mit grüner Farbe in das Diagramm ein. Vergleiche beide Kurven.

Arbeitsblätter Wetter und Jahresrhythmik
© Als Kopiervorlage freigegeben. Ernst Klett Verlag GmbH, Stuttgart 2000

Klett
ISBN 3-12-036426-6

Name: _____ Klasse: _____ Datum: _____

Vergleich zwischen Spinne und Insekt

Körperbau einer Fliege

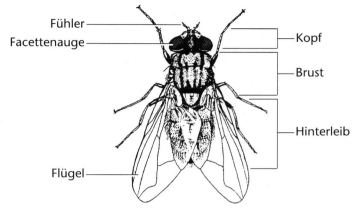

Fühler
Facettenauge
Kopf
Brust
Hinterleib
Flügel

Körperbau einer Kreuzspinne

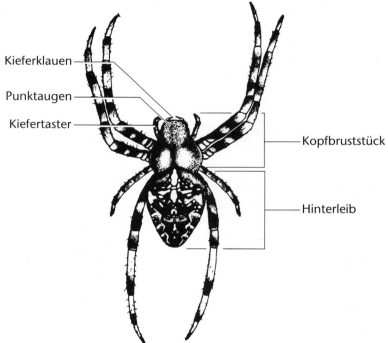

Kieferklauen
Punktaugen
Kiefertaster
Kopfbruststück
Hinterleib

Insekten und Spinnen sind verschieden!

Spinnen sind keine Insekten. Notiere in der Tabelle die Unterschiede der Merkmale von Fliege und Kreuzspinne.

Merkmal	Insekt	Spinne
Gliederung des Körpers	Kopf, Brust, Hinterleib	Vorderleib mit Kopf, Hinterleib
Beine	6 (3 Beinpaare)	8 (4 Beinpaare)
Flügel	vorhanden	keine
Augen	2 Facettenaugen	6 bis 8 Punktaugen
Fühler	2 (1 Paar)	keine

Arbeitsblätter Wetter und Jahresrhythmik
© Als Kopiervorlage freigegeben. Ernst Klett Verlag GmbH, Stuttgart 2000

Klett
ISBN 3-12-036426-6

Leben im Netz – eine windige Sache

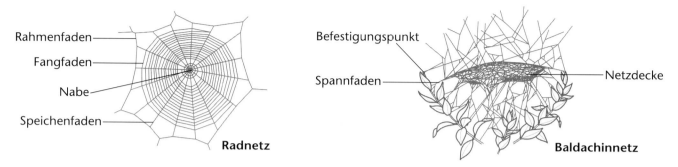

Radnetz
- Rahmenfaden
- Fangfaden
- Nabe
- Speichenfaden

Baldachinnetz
- Befestigungspunkt
- Spannfaden
- Netzdecke

Untersuchungen an einem Radnetz und einem Baldachinnetz

Du brauchst:

Zollstock, Windmessgerät, Pinzette, Drahthaken als Gewichte, Auffangschale und Feinwaage

1. Bestimme mit dem Zollstock die Höhe des untersuchten Netzes vom Boden aus.
2. Miss jetzt Länge und Breite des Netzes aus, berechne die Netzfläche.
3. Zähle die Befestigungspunkte des Netzes.
4. Bestimme in der Nähe des Netzes die Windgeschwindigkeit mit deinem Windmessgerät. Berechne den Mittelwert aus 10 Messungen.
5. Teste die Reißfestigkeit eines Fadens. Gehe dabei so vor:
   - Führe den Test bei einem Radnetz an einem Rahmenfaden durch, bei dem Baldachinnetz an einem Spannfaden.
   - Hänge ein Drahtgewicht nach dem anderen mit einer Pinzette an den untersuchten Faden, bis er reißt.
   - Fange die abfallenden Gewichte mit einer Auffangschale auf, bestimme ihr Gesamtgewicht auf einer Feinwaage.
6. Trage alle Ergebnisse in die Tabelle ein.
7. Vergleiche die beiden Netztypen. Was fällt dir auf?

Vergleich zweier Netztypen

	Radnetz	Baldachinnetz
Höhe über dem Boden (cm)		
Windmessung Durchschnittswert aus 10 Messungen		
Länge des Netzes (cm)		
Breite des Netzes (cm)		
Netzfläche (m²)		
Anzahl der Befestigungspunkte		
Abreißgewicht (mg)		

Spinnennetze

1. Trage die Windstärke (hoch, mittel, niedrig) in die Windpfeile ein.
2. Welche Netze findest du in welcher Höhe?
   Schneide die Netze aus und klebe sie an die richtige Stelle.
3. Bestimme die Netze mithilfe des Bestimmungsbogens und trage den Namen der Spinne ein.

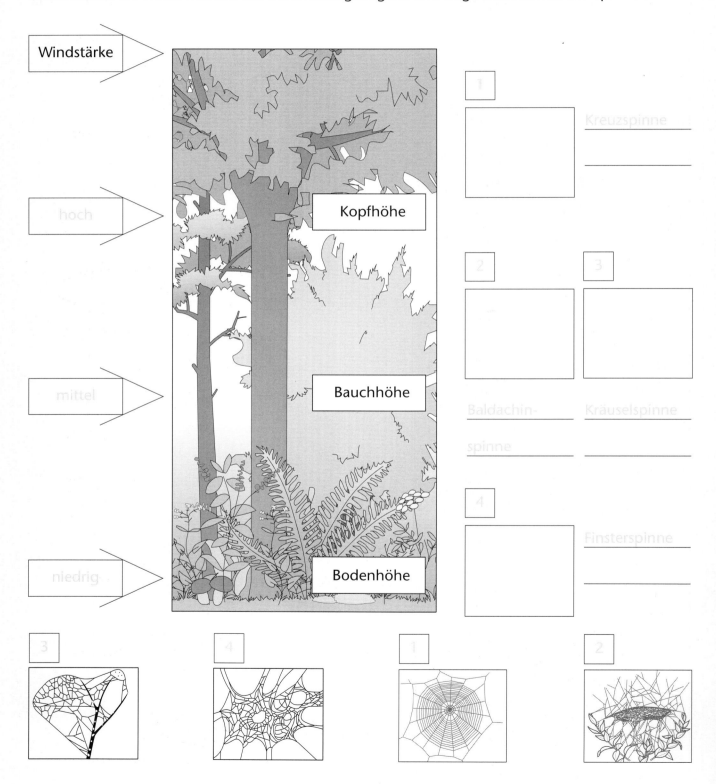

Name: _____ Klasse: _____ Datum: _____

Bestimmungshilfe

A. Radnetzbauende Spinnen

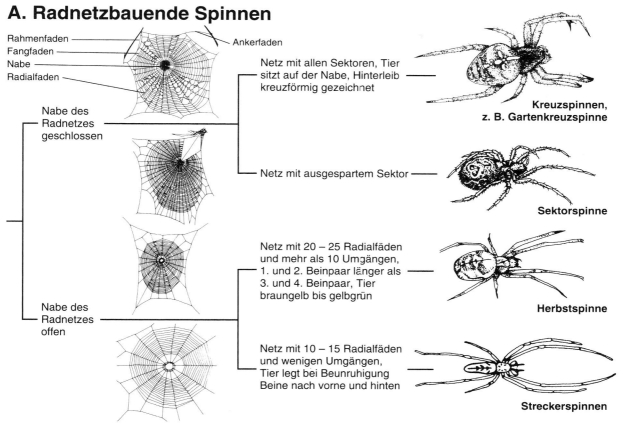

Rahmenfaden
Fangfaden
Nabe
Radialfaden

Ankerfaden

Nabe des Radnetzes geschlossen

Netz mit allen Sektoren, Tier sitzt auf der Nabe, Hinterleib kreuzförmig gezeichnet

Kreuzspinnen, z. B. Gartenkreuzspinne

Netz mit ausgespartem Sektor

Sektorspinne

Nabe des Radnetzes offen

Netz mit 20 – 25 Radialfäden und mehr als 10 Umgängen, 1. und 2. Beinpaar länger als 3. und 4. Beinpaar, Tier braungelb bis gelbgrün

Herbstspinne

Netz mit 10 – 15 Radialfäden und wenigen Umgängen, Tier legt bei Beunruhigung Beine nach vorne und hinten

Streckerspinnen

B. Sonstige netzbauende Spinnen

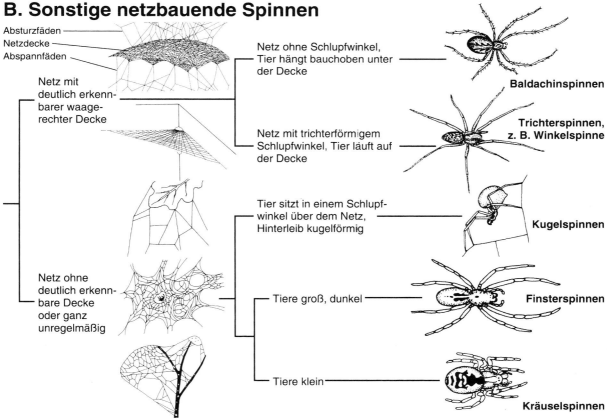

Absturzfäden
Netzdecke
Abspannfäden

Netz mit deutlich erkennbarer waagerechter Decke

Netz ohne Schlupfwinkel, Tier hängt bauchoben unter der Decke

Baldachinspinnen

Netz mit trichterförmigem Schlupfwinkel, Tier läuft auf der Decke

Trichterspinnen, z. B. Winkelspinne

Netz ohne deutlich erkennbare Decke oder ganz unregelmäßig

Tier sitzt in einem Schlupfwinkel über dem Netz, Hinterleib kugelförmig

Kugelspinnen

Tiere groß, dunkel

Finsterspinnen

Tiere klein

Kräuselspinnen

Arbeitsblätter Wetter und Jahresrhythmik
© Als Kopiervorlage freigegeben. Ernst Klett Verlag GmbH, Stuttgart 2000

Klett
ISBN 3-12-036426-6

Name: _____ Klasse: _____ Datum: _____

Flugsamen

Welche Flugsamen hast du gefunden?

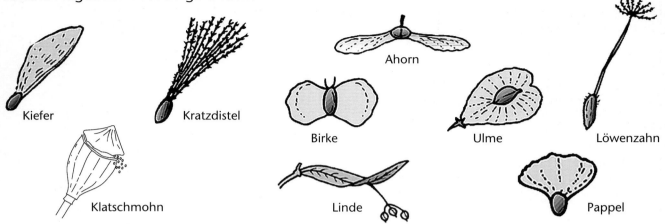

Kiefer   Kratzdistel   Ahorn   Birke   Ulme   Löwenzahn   Klatschmohn   Linde   Pappel

1. Um welche Flieger handelt es sich?
Trage die Namen der Flugsamen in die richtige Spalte der Tabelle ein.

Segelflieger	Propellerflieger	Fallschirmflieger	Körnchenflieger
Birke	Ahorn	Löwenzahn	Klatschmohn
Ulme	Kiefer	Pappel	
	Linde	Kratzdistel	
3	1	4	2

2. Welche Flugsamen waren für diese technichen Anwendungen Vorbild? Schneide aus und klebe die Bilder in die richtige Spalte. Kennst du weitere Erfindungen, die der Natur abgeschaut sind?

1
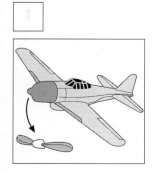

2

3
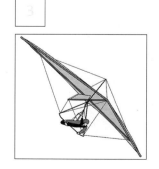

4

Arbeitsblätter Wetter und Jahresrhythmik
© Als Kopiervorlage freigegeben. Ernst Klett Verlag GmbH, Stuttgart 2000

Klett
ISBN 3-12-036426-6

Luft kommt in Bewegung

1. Sieh zunächst von der Seite in das Aquarium.
a) Zeichne mit Pfeilen ein, wo überall Wind entstanden ist. Beschrifte die Windpfeile.
b) Markiere die Lage von Tief- und Hochdruckgebieten. Woran hast du sie erkannt?

Das Tiefdruckgebiet erkennt man an der aufsteigenden Warmluft, das Hochdruckgebiet an der

absinkenden Luft.

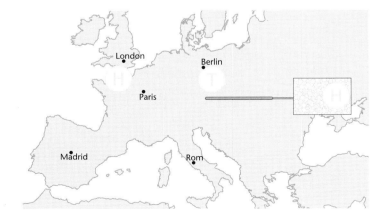

2. Unterlege eine Europakarte und sieh von oben in das Aquarium.
a) Zeichne in die Karte Hoch- und Tiefdruckgebiete ein.

b) Gib an, wo in Europa das Wetter gut ist.

Nordfrankreich und Russland

Wo ist das Wetter eher schlecht?

Deutschland

Arbeitsblätter Wetter und Jahresrhythmik
© Als Kopiervorlage freigegeben. Ernst Klett Verlag GmbH, Stuttgart 2000

Klett
ISBN 3-12-036426-6

Tagebuch einer Igelstation

15. Oktober
Heute Morgen lief ein kleiner Igel vor der Garagentür herum. Er ist zu klein, um durch den Winter zu kommen. Die Waage zeigt gerade 190 g. Ein Igel, der in den Winterschlaf geht, sollte aber 900 g wiegen. Er kommt in eine große Kiste in den Keller (18 °C). Der Kleine frisst eine große Portion Haferflocken mit Katzenfutter, bevor er sich zusammenrollt und den Rest des Tages verschläft.

6. November
Heute haben wir unter einem Laubhaufen einen großen, eingerollten, fast bewegungslosen Igel gefunden. Wir decken sein Winterschlafnest wieder gut zu, aber erst, nachdem wir ihn vorsichtig untersucht haben. Gewicht 930 g, Körpertemperatur 9 °C, Herzschlag 20 x in der Minute. Unser Hausigel hat sein Gewicht fast verdoppelt, aber jede Nacht hört man ihn in seiner Kiste rumoren.

2. Februar
Der Hausigel macht nun auch Winterschlaf. Seine Kiste steht im kühlen Kellerraum (10 °C), seine Körpertemperatur beträgt nur noch 11 °C.
Kontrolle beim Gartenigel: Die Außentemperatur ist − 9 °C, im Nest ist die Temperatur noch etwas über dem Gefrierpunkt. Seine Körpertemperatur ist nur noch 3 °C, sein Herz schlägt 18 x in der Minute, seine Atmung ist sehr langsam.

6. Februar
Es ist immer noch sehr kalt draußen. Der Gartenigel hat sich viel tiefer in den Laubhaufen verkrochen, wo es etwas wärmer ist. Seine Körpertemperatur liegt bei 4 °C, Herzschlag und Atmung sind weiterhin sehr langsam. Wie wechselte er seinen Schlafplatz?
Wie ein Igel das macht, soll uns der Hausigel verraten, der immer noch im Keller seinen Winterschlaf hält. Seine Körpertemperatur beträgt 11 °C, sein Herzschlag 19 x, seine Atemzüge 6 in der Minute. Wir öffnen das Kellerfenster, die Raumtemperatur sinkt von + 10 °C auf − 5 °C. Die Körpertemperatur des Igels sinkt zunächst, aber als sie nur noch 2 °C ist, wacht er auf. Körpertemperatur, Atmung und Herzschlag steigen schnell an. Er rollt sich auseinander und sucht nach einem wärmeren Platz. Dort schläft er weiter.

18. Februar
Der Hausigel wird wieder warm gestellt. Er erwacht aus dem Winterschlaf und sucht hungrig nach Futter. Er wiegt nur noch 350 g. Der Gartenigel schläft noch fest in seinem Nest, er wiegt aber nur noch 620 g.

5. März
Der Gartenigel hat sein Nest verlassen. Der Hausigel wiegt nun wieder 540 g und wird im Garten ausgesetzt.

Aufgaben

1. Schreibe ein Überwinterungsprotokoll für beide Igel:

Datum	Umgebungs-temperatur	Körpertem-peratur	Gewicht	Atmung	Herzschlag

2. Warum werden nicht beide Igel zur Überwinterung in den Keller gebracht?
3. Lies noch mal die Notizen vom 6. Februar. Warum ist der Gartenigel mitten im tiefsten Winter aufgewacht?
4. Berechne die Gewichtsverluste beider Igel während ihres Winterschschlafs.

Arbeitsblätter Wetter und Jahresrhythmik
© Als Kopiervorlage freigegeben. Ernst Klett Verlag GmbH, Stuttgart 2000

Klett
ISBN 3-12-036426-6

Igelspiel

4 · *Notiere: + 5 Punkte*

Du schläfst bis zum nächsten Abend.

→ **15** Gehe weiter zu

Hinweis: Igel können bei der Nahrungssuche beträchtliche Entfernungen zurücklegen. Sie erforschen ihr Gebiet, begegnen dabei Artgenossen und finden ihre Geschlechtspartner. Halbwüchsige Igel leben im ersten Jahr noch ohne festes Nest und pflanzen sich erst im folgenden Jahr fort.

8 · *Notiere: + 2 Punkte*

Das Nahrungsangebot ist jetzt vielfältig.

In einem Garten findest du zahlreiche Schnecken, Würmer und Insekten. → **10**

Du siehst ein Nest mit jungen Mäusen. → **6**

Du naschst ausgiebig an dem herumliegenden Obst. → **12**

3 · *Notiere: – 3 Punkte*

Die Parasiten vermehren sich schnell. Dein Körper kann sich nicht ausreichend wehren.

→ **1** Gehe zurück zu und beginne von vorn. Nimm alle bisher gesammelten Überlebenspunkte mit in die neue Runde.

Hinweis: Igel haben meist zahlreiche Zecken, Milben und Flöhe zwischen den Stacheln. Häufig sind sie auch mit Lungen- und Bandwürmern infiziert. Geschwächte Igel, die wenig Nahrung finden, sterben bei starkem Parasitenbefall.

7 · *Notiere: + 5 Punkte*

Du machst gemeinsam mit deiner Mutter und deinen Geschwistern Streifzüge in die Umgebung.

Ein Hund greift euch an und du rollst dich blitzschnell ein. → **8**

Du verlierst den Anschluss an die „Igelkarawane". → **14**

Nach einem weiten Ausflug kommt ihr wieder ins Nest zurück. → **4**

2 · *Notiere: + 4 Punkte*

Du hast beim Herumkriechen versehentlich das Nest verlassen.

Die Igelin zieht dich ins Nest zurück. → **11**

Das Herumkriechen ist dir zu mühsam. Du schläfst lieber und saugst viel Milch. → **19**

→ **7**

6 · *Notiere: + 6 Punkte*

Eine Katze nähert sich dem Mäusenest. Sie kann dir zwar nicht gefährlich werden, aber du verschwindest trotzdem.

→ **10** Gehe zu

Hinweis: Die Stacheln sind ein wirksamer Schutz. Unter der Rückenhaut liegt ein dicker Ringmuskel, der beim Zusammenziehen mit anderen Muskeln eine gewölbte Kappe bildet. Dadurch kann sich der Igel zur bekannten Stachelkugel einrollen.

1 · *Notiere: + 4 Punkte*

Es ist Mai. Du kommst in einem Nest aus Laub und Gras zur Welt. Deine Stacheln sind noch in der Haut verborgen. Du wiegst etwa 20 g. Neben dir liegen noch 7 andere blinde und taube, fast nackte Junge.

Du trinkst viel Milch und entwickelst dich schnell. → **10**

Du schläfst viel. → **18**

Du kriechst im Nest herum. → **2**

5 · *Notiere: 0 Punkte*

Du hättest es fast geschafft. Der Fuchs hat aber den ganzen Wurf gefressen.

→ **1** Gehe zurück zu und beginne von vorn.

Hinweis: Anfangs verliert die Haut der Neugeborenen viel Wasser und bildet Falten. Die winzigen Stachelspitzen können Feinde kaum abschrecken. Diese Stacheln fallen später aus und werden durch härtere ersetzt.

Name: _____ Klasse: _____ Datum: _____

Igelspiel

---

12 · Notiere: + 6 Punkte

Du verbringst eine ungestörte Zeit auf der Obstwiese.

→ Bleibe noch etwas dort und gehe dann weiter zu **10**

Hinweis: Das Gebiss des Igels hat zahlreiche spitze und scharfhöckrige Zähne, mit denen er hervorragend den Chitinpanzer von Insekten knacken kann. Die Zähne eignen sich aber auch gut zum Verzehren von Obst.

---

16 · Notiere: – 2 Punkte

Du kannst die Schmarotzer an deinem Körper nicht entfernen. **3**

Ein Streifzug in der nächsten Zeit führt dich zu einem Bach. Du schwimmst hindurch. **13**

Der Igel im angrenzenden Gebiet wird von einem Auto überfahren. Du hast jetzt ausreichend Nahrung. **15**

---

11 · Notiere: – 4 Punkte

Eine Eule sieht dich.

Gehe zurück zu **1** und beginne von vorn. Nimm alle bisher gesammelten Überlebenspunkte mit in die neue Runde.

Hinweis: Die festen Stacheln der erwachsenen Tiere sind ein guter Schutz gegen Greifvögel. Junge Igel haben diesen endgültigen Schutz aber erst ab der 3. Lebenswoche. Dann öffnen sich auch Augen und Ohren.

---

15 · Notiere: + 5 Punkte

Es ist Herbst geworden. Die Blätter fallen von den Bäumen. Du hast dir schon einen dicken Fettvorrat angefressen.

Jetzt baust du ein stabiles Nest für den Winterschlaf. **23**

Trotzdem begibst du dich immer wieder auf Nahrungssuche. **8**

Du begegnest einem anderen Igel und vertreibst ihn. **13**

---

10 · Notiere: + 5 Punkte

Du bist rundum satt und ruhst dich aus.

Du bespuckst dich selbst und versuchst etwas Körperpflege zu betreiben. **16**

Ein Traktor rollt über das Feld. Krach und Erschütterungen signalisieren Gefahr. Du kugelst dich ein. **21**

---

14 · Notiere: – 6 Punkte

Du kannst nicht selbstständig nach Nahrung suchen und verhungerst.

→ Gehe zurück zu **1** und beginne von vorn. Nimm alle bisher gesammelten Überlebenspunkte mit in die neue Runde.

Hinweis: Junge Igel werden erst nach etwa 6 bis 8 Wochen vollständig entwöhnt und haben bis dahin die optimale Nahrungssuche erlernt.

---

9 · Notiere: + 6 Punkte

In der neuen Umgebung ist es sehr unruhig. Es gibt kein geeignetes Versteck.

Du läufst schnell zum angrenzenden Acker, den der Bauer heute gepflügt hat. **22**

Du suchst dir ein neues Revier im nahen Laubwald. **17**

---

13 · Notiere: + 6 Punkte

Im angrenzenden Park gibt es einen See und reichlich Nahrung.

→ Friss dich satt und gehe zu **9**

Hinweis: Igel können zwar gut schwimmen, machen dies aber nicht sehr häufig.

Igelspiel

20 *Notiere: – 6 Punkte*

Der Gartenbesitzer hat Giftköder ausgelegt, um die Schnecken zu bekämpfen. Das Gift ist auch für dich tödlich.

→ Gehe zurück zu ❶ und starte neu. Nimm alle bisher gesammelten Überlebenspunkte mit in die neue Runde.

Hinweis: Ist ein Igel im Garten, gibt es dort kaum Schnecken. Wollen Gartenbesitzer dem Igel helfen, sollten sie Laub- und Reisighaufen liegen lassen und kein Gift ausbringen.

Spielregeln

Alle Karten werden verdeckt ausgelegt. Starte bei 1 und folge den Ziffern bis zum Ende. Lege jede gelesene Karte verdeckt zurück. Wenn du eine Karte umdrehst, erhälst du Überlebenspunkte. Notiere diese und zähle sie am Schluss zusammen.

Du kannst eine einmal getroffene Entscheidung nicht mehr rückgängig machen. Notiere außer den Überlebenspunkten auch die Anzahl der Entscheidungsschritte bis zum Ende. Haben zwei Spieler die gleiche Punktzahl, gewinnt derjenige, der die wenigsten Schritte dafür benötigt hat.

---

19 *Notiere: + 3 Punkte*

Die Eule hat das Nest nicht gesehen.

→ Gehe weiter zu ⓭

Hinweis: Igel sind normalerweise Einzelgänger. Nur während der Jungenaufzucht duldet das Igelweibchen ihren Nachwuchs in der Nähe.

23 *Notiere: + 10 Punkte*

Die Tage werden kürzer und es wird immer kälter. Du hast dir eine ausreichende Speckschicht angelegt und baust unter einem Reisighaufen ein gut gepolstertes Nest. Beginne mit dem Winterschlaf.

Ende

---

18 *Notiere: 0 Punkte*

Du bist jetzt fast drei Wochen alt. Ein Fuchs hat das Nest unter dem Laubhaufen gefunden.

Du versuchst dich zu verkriechen.

Du richtest dich so auf, dass deine feinen Stacheln an die Fuchsnase kommen.

→ ❺
→ ⓯

22 *Notiere: – 6 Punkte*

Das Auto war zu schnell.

→ Gehe zurück zu ❶ und starte neu. Nimm alle bisher gesammelten Überlebenspunkte mit in die neue Runde.

Hinweis: Igel sind in ihrem Bestand gefährdet. Nicht nur der zunehmende Autoverkehr und ihr starres angeborenes Verhalten, sondern auch der Einsatz der zahlreichen Insektenvernichtungsmittel, Schneckengifte und anderer Chemikalien töten sie.

---

17 *Notiere: + 5 Punkte*

Am Waldrand findest du einen Bach.

Viele Insekten, Larven und Würmer ernähren dich in der nächsten Zeit.

Es erscheint dir ziemlich kühl.

Eine Überschwemmung vertreibt dich aus deinem neuen Revier.

→ ❹
→ ⓭
→ ❽

21 *Notiere: + 12 Punkte*

Du hast großes Glück gehabt. Der Traktor fuhr an dir vorbei.

→ Gehe weiter zu ⓱

Hinweis: Igel haben ein starres Instinktverhalten: Statt davonzulaufen, rollen sie sich beim Herankommen eines Autos mitten auf der Straße ein. Normalerweise rettet sie das beim Angriff durch Feinde. Sie können nur verletzt werden, wenn sie sich zu früh wieder aufrollen und die nicht bestachelte Bauchseite hervorkommt.

Notizen